Heinz Müller, Jennifer Lamberty

Frühe Intervention und Beratung Strafunmündiger (FIBS)

Kinderdelinquenz zwischen Prävention und Intervention im Haus des Jugendrechts Ludwigshafen

Ein Evaluationsbericht
mit Gastbeiträgen von Sabrina Hoops und Bernd Holthusen

Institut für Sozialpädagogische Forschung Mainz gGmbH
Flachsmarktstraße 9, 55116 Mainz

www.ism-mz.de

Impressum

Heinz Müller, Jennifer Lamberty

Frühe Intervention und Beratung Strafunmündiger (FIBS)
Kinderdelinquenz zwischen Prävention und Intervention
im Haus des Jugendrechts Ludwigshafen

Ein Evaluationsbericht mit Gastbeiträgen von Sabrina Hoops und Bernd Holthusen

ISBN 978-3-946455-03-5

Institut für Sozialpädagogische Forschung Mainz gGmbH
Flachsmarktstraße 9
55116 Mainz
06131 24041 0
www.ism-mz.de

Gestaltung:
cala media GbR, Mainz
www.calamedia.de

Titelbild:
ValeriSerg/Shutterstock.com

Herstellung:
Books on Demand GmbH, Norderstedt

2. korrigierte Auflage
Mainz 2019

Inhaltsverzeichnis

Vorwort

Die Studie zur Ludwigshafener Fachstelle „Frühe Intervention und Beratung Strafunmündiger (FIBS)" liegt zwar schon ein paar Jahre zurück, sie trifft dennoch ein nicht weniger aktuelles Thema.

Die Ergebnisse zeigen, dass die Idee einer Beratungs- und Interventionsstelle im Umgang mit Strafunmündigen in Ludwigshafen angesiedelt an die Jugendhilfe im Strafverfahren im Haus des Jugendrechts erfolgreich in die Praxis umgesetzt werden konnte und damit eine zentrale Aufgabe der Kinder- und Jugendhilfe erfüllt. Es handelt sich um ein niedrigschwelliges, nicht-stigmatisierendes und beteiligungsorientiertes Angebot an der Schnittstelle zu Schulen, Jugend(-hilfe-)einrichtungen und Beratungsstellen, das von Kindern und Eltern gut angenommen wird. Eingebunden in ein kommunales Gesamtkonzept leistet FIBS mehr als ein „Spezialdienst" und fungiert vielmehr als ein Beratungs- und Netzwerkknoten in einem zentralen gesellschaftlichen Handlungsfeld.

Da bundesweit keine vergleichbaren Ansätze entwickelt und erprobt wurden, ist davon auszugehen, dass auch bei anderen Jugendämtern sowie der Fachöffentlichkeit ein hohes Interesse an den Ergebnissen der Begleitforschung und entsprechenden Transferstrategien besteht. Zur gelingenden Umsetzung eines solchen Projektes braucht es neben einem guten Ansatz, strukturierte Rahmenbedingungen, verlässliche Kooperationspartner und ein hohes Engagement der verantwortlichen Akteure damit aus der „guten Idee" ein fachliches Aufgabenprofil und ein professionelles Angebot entstehen kann. Die erfolgreiche Implementierung von FIBS lässt sich zurückführen auf das hohe persönliche Engagement sowie die fachliche Kompetenz der verantwortlichen Akteure.

Ein besonderer Dank gilt insbesondere den Mitgliedern der Steuerungsgruppe, die in zahlreichen Treffen diskursiv dazu beigetragen haben, empirische Daten zu fundieren, das fachliche Profil von FIBS zu schärfen, die Aufgabenwahrnehmung in Abgrenzung zu anderen Diensten zu definieren, in den Dialog mit Kooperationspartner zu treten und damit das Beratungs- und Interventionsangebot stetig weiter zu entwickeln. Hierzu gehörten Kolleginnen und Kollegen von FIBS, von Polizei und Staatsanwaltschaft, aus der Jugendhilfeplanung, dem Regionalen Familiendienst und dem Pfälzischen Verein. Unser Dank gilt auch den Kooperationspartnern, die sich zu gemeinsamen Workshops eingefunden und die Zusammenarbeit der Dienste untereinander befördert haben. Zu nennen sind hier insbesondere Beratungsstellen, Jugendförderung, Schulsozialarbeit sowie Migrantenselbstorganisationen. Der Dank gilt nicht zuletzt den Kolleginnen und Kollegen der Fachstelle, die für jeden einzelnen Fall einen umfänglichen Erhebungsbogen ausgefüllt und eine Vielzahl an wichtigen Informationen zusammengetragen haben.

Zuletzt möchten wir uns bei Bernd Holthusen, Deutsches Jugendinstitut (DJI), für die kritisch-konstruktiven Anmerkungen zum vorliegenden Evaluationsbericht sowie für die Ergänzung der vorliegenden Studie durch zwei Gastbeiträge bedanken. Die beiden Gastbeiträge dienen der fachlichen Rahmung der Thematik und sind erstmals jeweils in 2014 veröffentlicht worden.

Mainz 2018

Prävention von Delinquenz: Je früher, desto besser?

Wenn Kinder oder Jugendliche im Zusammenhang mit einer Straftat auffällig werden, kann dies ein Hinweis auf eine Gefährdung ihrer Entwicklung sein. Aufgabe der Kinder- und Jugendhilfe ist es, sie davor zu schützen. Die Konzepte zur Prävention von Delinquenz sind in den letzten Jahrzehnten ausgereifter geworden – es gibt aber noch Weiterentwicklungsbedarf.

VON SABRINA HOOPS UND BERND HOLTHUSEN

Dass Kinder und Jugendliche im Prozess ihres Aufwachsens Grenzen überschreiten und dabei auch durch gesetzwidriges Handeln, zum Beispiel Ladendiebstahl oder Sachbeschädigung, auffallen können, ist bekannt. Diese Formen der »geringfügigen Delinquenz« gelten als episodenhaftes und weit verbreitetes Phänomen. Wenn zeitnah und altersgerecht – vor allem in der Familie – eine Reaktion erfolgt, ist bei diesen Kindern und Jugendlichen keine grundlegende Gefährdung ihrer altersgerechten Entwicklung zu erwarten. Dann müssen auch keine weiteren institutionellen Reaktionen erfolgen. Wenn sich jedoch die Straftaten häufen oder auch nach dem Eintritt in das Strafmündigkeitsalter mit 14 Jahren fortbestehen beziehungsweise besonders gravierend sind, erfährt dies – dann unter der Überschrift »Jugendkriminalität« – häufig eine große öffentliche und politische Aufmerksamkeit. Das Handeln der Eltern, aber auch der zuständigen Institutionen wie Polizei, Justiz und Kinder- und Jugendhilfe sowie deren kriminalpräventive Ansätze, werden kritisch hinterfragt. Vor allem schwerwiegende Gewalttaten Jugendlicher sind es dann, die die Schlagzeilen beherrschen, verbunden mit der Frage: Was tun?

In den letzten 20 Jahren wurden die Strategien im Umgang mit Delinquenz im Kindes- und Jugendalter ausgebaut. Vor allem die früh einsetzenden Präventionsstrategien wurden verstärkt und es wurde immer mehr auch auf pädagogische Angebote gesetzt. Die Kinder- und Jugendhilfe hat hier als zentraler

Akteur, aber auch als wichtiger Kooperationspartner in der Präventionsarbeit, an Bedeutung gewonnen. Diese Entwicklung wird von der Arbeitsstelle Kinder- und Jugendkriminalitätsprävention des Deutschen Jugendinstituts (DJI), die seit 1997 vom Bundesministerium für Familie, Senioren, Frauen und Jugend (BMFSFJ) gefördert wird, begleitet: Das in München ansässige Team informiert und berät Praxis, Politik, Medien und Forschung über Konzepte und Handlungsstrategien in diesem Bereich.

Die Delinquenzprävention in der Kinder- und Jugendhilfe hat sich vor allem in zeitlich befristeten Projekten und in Regelangeboten der Kinder- und Jugendhilfe etabliert. Dabei entstanden vielfältige Ansätze und Konzepte auf Basis des Achten Sozialgesetzbuches (SGB VIII). Grundlegende Aufgabe des SGB VIII ist es, gute Bedingungen für die Entwicklung aller Kinder und Jugendlichen zu schaffen und Gefährdungen abzuwenden. Damit richtet sich die Kinder- und Jugendhilfe sowohl an junge Menschen, die mit delinquentem Handeln aufgefallen sind, als auch an Jugendliche, die gefährdet sind, eine kriminelle Entwicklung zu nehmen. Ziel ist es, Delinquenz bei jungen Menschen zu verhindern und dadurch den jungen Menschen zugleich vor möglichen Gefährdungen zu schützen, die sowohl aus dem delinquenten Verhalten selbst als auch aus den (institutionellen) Reaktionen darauf entstehen können.

Die Kinder- und Jugendhilfe ist bei der Prävention von Delinquenz gut aufgestellt

Die Möglichkeiten der Kinder- und Jugendhilfe reichen in unterschiedlichen Settings (von der Jugendarbeit über die Hilfen zur Erziehung bis hin zu den Jugendhilfen im Strafverfahren) von der individuellen Förderung bis zu spezifischen Formen der Unterstützung und Intervention. Deren Ausgestaltung ist eng verbunden mit den gesellschaftlichen Rahmenbedingungen: In den 1990er-Jahren etwa stiegen die Zahlen in der Polizeilichen Kriminalstatistik zu strafunmündigen Kindern stark an. Gleichzeitig fand ein regelrechter Boom bei der sozialen Gruppenarbeit für strafunmündige Kinder statt. Ebenso führte die Diskussion über jugendliche Gewalt zu einer raschen Verbreitung und Diversifizierung von Anti-Aggressivitäts-Trainings (AAT), die ursprünglich für den Strafvollzug entwickelt worden waren. Zunehmend wurden besondere Zielgruppen identifiziert und adressiert, zum Beispiel Aussiedlerjugendliche oder gewalttätige Mädchen.

Nach der Jahrtausendwende kamen neue Probleme auf die Agenda, zum Beispiel »Amokläufe/Schoolshootings«, auf die Antworten gesucht wurden. Zugleich entwickelte sich die frühe Prävention zu einem eigenen Themenfeld, das sich immer jüngeren Zielgruppen und deren Eltern zuwendet. Momentan stehen Themen wie »neue Medien« und »Cybermobbing«, also Mobbing im Internet etwa in sozialen Netzwerken wie Facebook, sowie jugendliche »Intensivtäter« im Fokus. Sie werden immer wieder – ebenso wie das Thema »Freiheitsentziehende Maßnahmen« – kontrovers diskutiert.

» *Der Präventionsbegriff wird oft wenig refektiert, geradezu infationär verwendet.* «

Insgesamt ist die Kinder- und Jugendhilfe heute im Kontext der Prävention von Delinquenz gut aufgestellt, insbesondere hinsichtlich der Ausdifferenzierung ihrer Strategien (Arbeitsstelle Kinder- und Jugendkriminalitätsprävention 2007). Wichtig ist nun jedoch, die Angebotsstruktur, die häufig projektförmig und damit zeitlich befristet finanziert ist, dauerhaft sicherzustellen und auch in der Fläche auszubauen, sodass je nach örtlichem Bedarf die notwendigen Ansätze als Regelangebote für alle Kinder und Jugendlichen zur Verfügung stehen.

Trotz dieser insgesamt positiven Bilanz der letzten Jahrzehnte steht die Prävention von Delinquenz im Kindes- und Jugendaltervor einer Reihe von fachpolitischen, themenspezifischen und strukturellen Entwicklungsaufgaben (siehe unter anderem die Beiträge im Themenheft 1/2012 der Zeitschrift für Jugendkriminalrecht und Jugendhilfe – ZJJ). Unter einer fachpolitischen Perspektive ist die Verwendung des Präventionsbegriffs bedenklich. Er hat in immer mehr Konzepten, Programmen und Titeln Einzug gehalten und wird oft wenig reflektiert, geradezu inflationär verwendet. Mit dem Label »Prävention« wird inzwischen fast alles versehen, was die Entwicklung von Kindern und Jugendlichen fördert, und damit vielleicht auch – aber nicht vorrangig – delinquenzpräventive Effekte hat oder haben könnte. Ein Beispiel dafür sind etwa die Unterstützung von minderjährigen Schwangeren oder Sprachkurse für Kinder mit Migrationshintergrund in Kindertageseinrichtungen. Übersehen wird dabei häufig, dass durch die Verwendung des Etiketts »Kriminalitätsprävention« immer auch eine negative Zuschreibung mitschwingt: Den Zielgruppen von gewaltpräventiven Angeboten etwa wird zumindest mittelbar ein potenziell gewalttätiges Verhalten unterstellt. Damit ist unvermeidlich das Risiko einer Stigmatisierung verknüpft, das wiederum genau jenes Verhalten bei Kindern und Jugendlichen auslösen kann, das vermieden werden soll. Die Gewaltprävention hätte dann nicht den gewünschten, sondern einen gegenteiligen Effekt.

Hinzu kommt: Seit einigen Jahren gibt es eine Tendenz zur Vorverlagerung der Präventionsstrategien. Immer jüngere Altersgruppen und im Grunde unproblematischere Verhaltensweisen geraten in den Fokus der »Prävention«. Die dahinterliegende Grundannahme lautet: »Je früher, desto besser«. Auch in dieser Entwicklung liegt das Risiko der Ausweitung einer (Kriminalitäts-) Prävention, die sich dadurch kennzeichnet, dass sie immer unspezifischer wird und damit auch weniger zielführende Effekte zeigt.

Neue Viktimisierungs- und Kriminalisierungsrisikenfür Jugendliche

Themenspezifische Herausforderungen finden sich vor allem beim Ausbau von zielgruppenbezogenen Ansätzen: Der Zugang zu spezifischen Personengruppen (zum Beispiel zu Menschen mit Migrationshintergrund) ist oft schwierig. Das kann dazu führen, dass diese Gruppen ein höheres Risiko haben, kriminell zu werden. Erheblicher Bedarf kann auch im Hinblick auf (potenzielle) Opfer festgestellt werden. Dies betrifft zumeist – aber nicht ausschließlich – männliche Opfer von Gewalt. Zwar ist der »Täter-Opfer-Statuswechsel« der besagt, dass junge Menschen zum Beispiel bei körperlicher Gewalt häufig nicht nur Täter, sondern gleichzeitig auch Opfer sind, in kriminologischen Studien beschrieben. Dies wird aber im Alltag der Jugendhilfe noch zu wenig berücksichtigt.

Ebenso sollten Risiken weiter untersucht werden, die sich im Zusammenhang mit der verstärkten Mediatisierung jugendlicher Lebenswelten neu entwickeln: Durch neue Medien wie zum Beispiel soziale Netzwerke entstehen neue Gefahren für junge Menschen, zum Täter oder zum Opfer zu werden (zum Beispiel durch Cybermobbing; Willems 2013). Potenzial besteht zudem bei der Weiterentwicklung von Angeboten, die sich an suchtgefährdete delinquente junge Menschen richten, sowie von Präventionsansätzen, die die Rolle des Geschlechts berücksichtigen. Zwar gibt es Angebote nur für Jungen oder nur für Mädchen, eine Reflexion über Geschlechterstereotype findet aber häufig nicht statt und wird auch nicht in das pädagogische Konzept eingebunden. Neue Angebote werden auch für sexuell grenzverletzende Jugendliche gebraucht.

Auch auf struktureller Ebene zeichnen sich Herausforderungen ab: Als Regeldienst und an der Schnittstelle zur Polizei und Justiz spielt die Jugendhilfe im Strafverfahren und in der Jugendgerichtshilfe eine zentrale Rolle. Wenn im Jugendstrafverfahren unpassende Maßnahmen oder Auflagen verhängt werden, besteht ein hohes Risiko, dass diese nicht erfüllt oder abgebrochen werden. Das kann zur Folge haben, dass es zur weiteren Eskalation kommt, bis hin zum Freiheitsentzug (beispielsweise in Form von Ungehorsamsarrest), der eigentlich unbedingt vermieden werden sollte. Daraus lassen sich drei Folgerungen ableiten: Erstens müssen die notwendigen Ressourcen dafür vorhanden sein, um mit den Jugendlichen abgestimmt einen passenden Sanktionsvorschlag zu finden. Zweitens muss dieses Angebot wohnortnah und zeitnah verfügbar sein. Und drittens muss das Zusammenwirken von Kinder- und Jugendhilfe, Schule, Polizei, Justiz und weiteren Akteuren (zum Beispiel aus dem Gesundheitswesen) mit ihren unterschiedlichen gesellschaftlichen Aufträgen verbessert werden.

Die Frage nach der Wirkung von Delinquenzprävention wirft eine Reihe noch ungeklärter Fragen auf: Das Thema Evaluationist eine seit Jahren immer wieder formulierte Forderung. Sowohl aus fachlichen als auch aus Kostengründen wächst der Legitimationsdruck, positive Effekte von Prävention nachzuweisen. Dies stellt die Evaluationspraxis jedoch insbesondere in der wenig formalisierten pädagogischen Praxis der Kinder- und Jugendhilfe vor bisher kaum gelöste

Probleme: Wie können beobachtete Effekte verlässlich als Folge einer pädagogischen Intervention interpretiert werden? Inwieweit können funktionierende Modelle in andere Bereiche übertragen werden? Hier bedarf es einer (Weiter-) Entwicklung von Evaluationsinstrumentarien sowie der notwendigen Ressourcen für Evaluation, um so Wissen für die fachliche Weiterentwicklung zu generieren.

Es gilt für die Kinder- und Jugendhilfe, sich diesen Herausforderungen zu stellen und die Prävention von Delinquenz im Kindes- und Jugendalter konsequent fachlich weiterzuentwickeln. Damit wird auch ein Beitrag dazu geleistet, junge Menschen vor Gefährdungen ihrer Entwicklung zu schützen.

LITERATUR:

ARBEITSSTELLE KINDER- UND JUGENDKRIMINALITÄTSPRÄVENTION (HRSG.; 2007): Strategien der Gewaltprävention im Kindes- und Jugendalter. Eine Zwischenbilanz in sechs Handlungsfeldern. München

WILLEMS , DIANA (2013): Neue Kriminalisierungsrisiken. Zur Bedeutung des Internets für die Kriminalitätsprävention. In: forum kriminalprävention, Heft 3, S. 3–8

BEITRAG ERSCHIENEN IN:

Hoops, Sabrina/Holthusen, Bernd (2014): Prävention von Delinquenz: Je früher, desto besser? In: DJI-Impulse. Neue Wege gehen: Wie der Schutz von Kindern und Jugendlichen verbessert werden kann. Nr. 106, 2/2014, S. 19-21.

DIE AUTORIN, DER AUTOR:

Dr. Sabrina Hoops ist seit 1998 wissenschaftliche Mitarbeiterin in der Abteilung »Jugend und Jugendhilfe« am Deutschen Jugendinstitut. Ihre Arbeitsschwerpunkte sind abweichendes Verhalten, erzieherische Hilfen und Prävention.
Kontakt: hoops@dji.de

Bernd Holthusen ist seit 1997 in der Abteilung »Jugend und Jugendhilfe« am Deutschen Jugendinstitut angestellt. Seine Arbeitsschwerpunkte sind abweichendes Verhalten, Kooperation, mehrfachauffällige Jugendliche und Evaluation. Seit 2013 leitet er die Fachgruppe »Angebote und Adressaten der Kinder- und Jugendhilfe«.
Kontakt: holthusen@dji.de

1. Einleitung

Delinquentem Verhalten von strafunmündigen Kindern wurde bislang fachlich und konzeptionell wenig Beachtung geschenkt. Es liegen nur wenige einschlägige Untersuchungen in der Kinder- und Jugendhilfe vor. Darüber hinaus stellt Holthusen fest, dass sich in Literatur und Praxis wenige Ansätze zum wirksamen Umgang mit Kinderdelinquenz finden lassen (vgl. Holthusen/Hoops 2011). Fallen Kinder durch delinquentes und normabweichendes Verhalten auf, stellt sich die Frage nach der Zuständigkeit, da sie bis zum 14. Lebensjahr strafunmündig sind und damit nicht von der Justiz zur Rechenschaft gezogen werden können. Die Kinder- und Jugendhilfe als zuständige Instanz hat bislang wenige adäquate Konzepte im Umgang mit dieser Zielgruppe entwickelt. Oftmals beginnen „kriminelle Karrieren" vor dem 14. Lebensjahr, ohne dass entsprechende Reaktionsweisen der beteiligten Institutionen folgen, so dass präventive Möglichkeiten ungenutzt bleiben.

Bereits während der Evaluation des Haus des Jugendrechts im Projektzeitraum 2005 bis 2007 verdeutlichten die Anzahl und der Anteil von delinquenten Kindern an allen zu untersuchenden Straftaten in Ludwigshafen, dass es sich hierbei keineswegs um eine nicht weiter zu beachtende Randerscheinung handelt. So waren in etwa 18% aller Delikte (1.100) Kinder die Tatverdächtigen. Etwa 650 Kinder wurden in diesem Zeitraum über das Haus des Jugendrechts erfasst. Diese Zahl gab keinerlei Anlass zur Sorge, da in Ludwigshafen weder mehr noch weniger junge Menschen durch delinquentes Verhalten auffallen, als in anderen Städten (vgl. Müller, Mutke, Wink 2008, S. 80 ff). Dennoch deuten diese Daten auf einen Handlungsbedarf hin.

Insbesondere die Schnittstellen zwischen Polizei und Kinder- und Jugendhilfe sind hier ein bedeutsamer Anker für die Weiterentwicklung der Fachpraxis im Umgang mit Kinderdelinquenz. Das Haus des Jugendrechts in Ludwigshafen betritt mit FIBS – Frühe Intervention und Beratung Strafunmündiger gewissermaßen Neuland bei der Entwicklung adäquater pädagogischer Handlungsansätze bezogen auf delinquentes Verhalten sowie die Stärkung präventiver Maßnahmen.

Vor diesem Hintergrund wurde das Konzept FIBS als jüngste Weiterentwicklung des Ludwigshafener Haus des Jugendrechts über den Zeitraum von 20 Monaten durch das Institut für Sozialpädagogische Forschung Mainz gGmbH (ism) evaluiert. Mit der Implementierung des Projekts wurden weitreichende Zielsetzungen verbunden, die mithilfe der Evaluation in den Blick genommen wurden. Im Zentrum stand die Umsetzung eines professionellen Umgangs mit Strafunmündigen, eine regelhafte Kooperation zwischen den beteiligten Institutionen sowie die Entwicklung und Erprobung niedrigschwelliger und präventiver Beratungs- und Interventionsansätze in Zusammenarbeit mit den Netzwerkpartnern im Sozialraum.

Der vorliegende Bericht bündelt die zentralen Evaluationsbefunde. Beginnend mit einem kurzen Abriss über die aktuelle Fachdebatte, beschreibt der Bericht die Entwicklung und Konzeptionierung der neu eingerichteten Fachstelle im Ludwigshafener Haus des Jugendrechts. Dabei werden die konzeptionellen Überlegungen eingebettet in die bundesweite Diskussion über einen fachlich angemessenen Umgang mit Strafunmündigen. Anschließend erfolgt eine kurze Beschreibung des formativ und methodenplural angelegten Evaluationsvorhabens. Nachfolgend werden empirische Befunde zu Kinderdelinquenz in Ludwigshafen und zur Arbeit der Fachstelle FIBS dargelegt. Es finden sich Daten zur Zielgruppe, zu den delinquenten Handlungen der Strafunmündigen und zu konkreten Arbeitsabläufen. Ein besonderer Blick richtet sich auf Kinder mit Migrationshintergrund sowie Kinder, die im Evaluationszeitraum mehrfach auffällig wurden.

Da die Fachstelle als Netzwerkstelle konzipiert ist, die eng mit der Polizei, der Staatsanwaltschaft und dem Regionalen Familiendienst vernetzt ist sowie einzelfallübergreifend mit Beratungsstellen, der Jugendförderung sowie der Schulsozialarbeit kooperiert, folgt ein gesondertes Kapitel zu den unterschiedlichen Kooperationspartnern. Hier wird der Frage nachgegangen, wie sich Kooperationen gestalten, welche Absprachen zu Arbeitsweisen und Vorgehen getroffen wurden und welche Rahmenbedingungen und Strukturen für eine gelingende Zusammenarbeit notwendig sind.

Daran anschließend erfolgt eine Einschätzung der Fachstelle aus Sicht der Fachkräfte sowie aus dem Blickwinkel der Adressaten. Hier hatten Kinder und Eltern die Möglichkeit im Rahmen einer schriftlichen Kurzbefragung ihre Perspektive zu beschreiben.

Der Bericht schließt mit einer Zusammenfassung zentraler Befunde sowie daran anschließender (Weiterentwicklungs-) Empfehlungen unter dem Leitmotiv „Wenn es die Fachstelle nicht bereits gäbe, müsste man sie neu erfinden".

2. Was tun bei Kinderdelinquenz?

Im folgenden Kapitel werden zur fachlichen Rahmung des Evaluationsdesigns empirische und theoretische Befunde zum Thema Kinderdelinquenz referiert. Dabei wird auf den Entstehungskontext des Projektes Frühe Intervention und Beratung Strafunmündiger (FIBS) im Ludwigshafener Haus des Jugendrechts eingegangen und herausgearbeitet, warum Kinderdelinquenz eine Aufgabe der Kinder- und Jugendhilfe beschreibt. Nicht ohne Grund wird dieses Thema eher still und leise bearbeitet, um Kinder mit normabweichendem Verhalten nicht zu kriminalisieren und dadurch zu stigmatisieren. Dennoch gibt es ebenso gute fachliche Gründe, um durch geeignete pädagogische Vorgehensweisen Kinder bei der Aneignung von gesellschaftlichen Werten und Normen in einer komplexer werdenden Gesellschaft zu unterstützen. Hier stellt sich die Frage, wie dies unter Abwägung der antizipierten Präventionseffekte mit den entsprechenden Nebenwirkungen geschehen kann. Das Ludwigshafener Modellprojekt Frühe Intervention und Beratung Strafunmündiger (FIBS) stellt einen Versuchsrahmen dar. Durch die wissenschaftliche Begleitung und Evaluation sollen Effekte und Nebenwirkungen im Umsetzungsprozess von FIBS systematisch in den Blick genommen werden. Am Ende des Kapitels wird das Evaluationsdesign dargestellt.

2.1 Das Haus des Jugendrechts Ludwigshafen: Ein Beispiel für den Paradigmenwechsel im Umgang mit Kinder- und Jugenddelinquenz

Bei der Entwicklung neuer Reaktionsformen und Handlungsansätze im Bereich der Kinder- und Jugenddelinquenz deutet sich seit einigen Jahren ein Paradigmenwechsel an. Es geht nicht mehr nur darum, dass Polizei, Justiz und Jugendhilfe je für sich an neuen Konzepten arbeiten, um bessere Lösungsmöglichkeiten für Verfahren und Interventionsstrategien zu entwickeln. Vielmehr rücken institutionenübergreifende Gesamtstrategien in den Vordergrund. Aufgabenverständnis und institutionelle Grenzziehungen der zuständigen Institutionen werden zugunsten einer gemeinsam getragenen und verantworteten Partnerschaft in der Sache verändert. In der Praxis wurde immer wieder deutlich, dass Über- oder Unterordnungsversuche der beteiligten Institutionen oder das Ausspielen von Definitionsmacht wenig geeignet sind, um fallbezogen oder konzeptionell tragfähige und wirkungsvolle Lösungen zu entwickeln. So selbstredend dies klingen mag, liegt gerade hier die besondere Herausforderung. Polizei, Justiz und Jugendhilfe folgen je eigenen professionellen Logiken, haben höchst unterschiedliche und divergierende Aufgaben, Kompetenzen und Rahmenbedingungen. Im Kontext des sich abzeichnenden Paradigmenwechsels geht es nicht darum, über eine gemeinsame Zielrichtung und Aufgabe diese Unterschiede zu nivellieren. Vielmehr steht eine komplementäre Verhältnisbestimmung der beteiligten Institutionen an, welche die je unterschiedlichen Zugänge, Ressourcen und Möglichkeiten so zusammenbringt und ergänzt, dass daraus wirkungsvollere Handlungsansätze im Kontext von Jugendkriminalität entstehen.

Bei dem Haus des Jugendrechts in Ludwigshafen (JuReLu) handelt es sich um einen solchen Ansatz, der mittlerweile praktisch erprobt und evaluiert ist (vgl. Müller/Mutke/Wink 2008). Ein zentrales Merkmal ist, dass hier sowohl das Fachgebiet Jugendkriminalität der Polizei, die Jugenddezernenten der Staatsanwaltschaft, das Fachgebiet Jugendhilfe im Strafverfahren des Jugendamtes und freie Träger der Kinder- und Jugendhilfe in gemeinsamen Räumlichkeiten unter einem Dach zusammenarbeiten. Durch die räumliche Zusammenführung, organisatorische Schnittstellenklärungen und inhaltlich-konzeptionelle Zusammenarbeit werden Verfahrenslaufzeiten verkürzt und angemessenere Reaktionen auf delinquentes Verhalten ermöglicht. Die Ausweitung der Diversionsstrategie und der Ausbau ambulanter Maßnahmen werden dabei ebenso angestrebt, wie die Weiterentwicklung von gemeinsamen Handlungsstrategien für spezielle Zielgruppen (z. B. Mehrfachtäter, junge Menschen mit Migrationshintergrund).

Diese weitreichende Zielperspektive kann nicht alleine dadurch realisiert werden, dass alle Partner in gemeinsamen Räumlichkeiten untergebracht werden. Die Einrichtung eines Hauses des Jugendrechts geht vielmehr mit einem umfassenden Organisationsentwicklungsprozess in und an den Schnittstellen der beteiligten Institutionen einher. Entlang einer sozialräumlichen Gliederung des Stadtgebietes wurden Zuständigkeiten aller Institutionen synchronisiert, Verfahrensabläufe abgestimmt und gemeinsame Konzeptentwicklungsprozesse auf den Weg gebracht. Bedeutsam für die Umsetzung waren nicht nur die Einrichtung verschiedener Steuerungs-/Kooperationsgremien auf fast allen Hierarchieebenen, sondern auch die Durchführung gemeinsamer anonymer Fallkonferenzen und Fortbildungen. Über die Anbindung an Jugendhilfeplanungsprozesse wurde gleichzeitig auch eine bedarfsorientierte Weiterentwicklung von Angeboten und Diensten angestrebt. Darüber hinaus sollten präventive Ansätze gestärkt und die Opferbelange deutlicher in den Blick genommen werden. In diesem Zusammenhang wurde auch die Fachstelle FIBS im Haus des Jugendrechts Ludwigshafen eingerichtet, die Neue Wege im Umgang mit Kinderdelinquenz erproben sollte. Kinderdelinquenz gehört zu den am meisten vernachlässigten Themen in der Kinder- und Jugendhilfe. Die Gründe hierfür sind vielfältig.

2.2 Kinderdelinquenz: Die Auseinandersetzung mit Werten und Normen als Bewältigungsaufgabe von Kindern

Die Fachstelle FIBS im Haus des Jugendrechts Ludwigshafen ist ein Instrument, mit dem auf die polizeiliche Auffälligkeit von strafunmündigen Kindern reagiert und entsprechende pädagogische Maßnahmen bei Bedarf angestoßen werden können. Die Bearbeitung von Kinderdelinquenz kann als genuin pädagogische Aufgabe betrachtet werden. Kinder und Jugendliche setzen sich in ihrer Entwicklung mit gesellschaftlichen Werten und Normen auseinander und lernen diese kennen. Werte können dabei als allgemeine Orientierungen für gutes Handeln und gesellschaftlich erwünschtes Verhalten, wie etwa Fairness und Leistungsbereitschaft, verstanden werden. Diese allgemeinen Wertvorstellungen konkretisieren sich in Verhaltensregeln, also Normen. Sie dienen als Basis dafür, ob ein Verhalten als richtig oder falsch eingeschätzt wird und zeichnen sich durch eine je unterschiedliche Verbindlichkeit aus (vgl. Oelerich 1998). Werte und Normen haben dabei eine gesellschaftlich-politische Funktion, sie strukturieren das Zusammenleben in der Gesellschaft und bilden die Grundlage des Rechtssystems. In diesem Sinne ist die Auseinandersetzung mit und Internalisierung von Normen ein zentraler Bestandteil des Aufwachsens und der Erziehung.

Jedoch stehen nicht alle Normen innerhalb einer Gesellschaft im Einklang miteinander und bieten dementsprechend auch nicht ein einheitliches Orientierungssystem für junge Menschen. Gerade moderne Gesellschaften sind von einer Ausdifferenzierung und Pluralisierung von Werten geprägt, was dazu führt, dass Normen in unterschiedlichen gesellschaftlichen Teilbereichen sogar widersprüchlich sind. So entstehen ganze Subkulturen, die sich gerade durch die Abgrenzung zu den Normen der Mehrheitsgesellschaft auszeichnen. Eine prominente Subkultur ist dabei die Jugendkultur, die sich durch ein eigenes Normen- und Wertesystem auszeichnet. Neben der unterschiedlichen Ausprägung von Normen und Werten innerhalb einer Gesellschaft verändern sich auch die Vorstellungen von gesellschaftlich erwünschtem Verhalten, was sich zum Beispiel in Gesetzesänderungen widerspiegelt. Die Einhaltung von Normen unterliegt der sozialen Kontrolle. Dies führt dazu, dass das Abweichen von Normen im gesellschaftlichen Zusammenleben mit Sanktionen verbunden ist. Je nach ihrer Verbindlichkeit variiert das Ausmaß der Sanktionierung. Die verbindlichsten Normen werden bei Nichtbeachtung mit Strafen sanktioniert, weshalb in diesem Fall von Kriminalität gesprochen wird (vgl. Peuckert 2008, S. 109).

Für die Bearbeitung von Kinderdelinquenz ist die Frage von Interesse, wie Kinder und Jugendliche Normen und Werte einer Gesellschaft internalisieren. Das individuelle Übernehmen und Ausprägen von Werten erfolgt in einem Entwicklungsprozess, den Kinder und Jugendliche durchlaufen. Nach der Stufentheorie von Lawrence Kohlberg beginnt die Entwicklung des moralischen Urteilsvermögens mit einem einfach strukturierten Bewertungsschema und mündet potentiell in die Fähigkeit, auch komplexere moralische Entscheidungen zu treffen, die gegenüber sich selbst und anderen begründet werden können (vgl. Weyers 2004, S. 27). Im Laufe dieses Entwicklungsprozesses sind dementsprechend auch Normverstöße und auch delinquentes Verhalten von Kindern Normalität, was Hoops et. al (2001) aus der Durchsicht verschiedener Studien zur Kinderdelinquenz resümieren. Sie machen deutlich, dass die überwiegende Mehrheit von Kindern Erfahrungen mit delinquentem Verhalten hat und es dementsprechend „zum Erwachsenenwerden dazu gehört" (ebenda S. 15). Abweichendes Verhalten im Kindesalter ist damit „ubiquitär" also allgemein verbreitet, solange sie sich auf leichte Formen der Kriminalität bezieht (vgl. Meier 2010, S. 15). Dies wird auch wieder im Rahmen der Dunkelfelduntersuchung aufgezeigt (vgl. Spiess 2015, S. 11ff).

Die Internalisierung gesellschaftlich akzeptierter Verhaltensweisen ist essenziell für das Zusammenleben und damit auch genuiner Bestandteil von Erziehung, die junge Menschen zu eigenverantwortlichen und gemeinschaftsfähigen Mitgliedern der Gesellschaft hinführen will. In diesem Sinne ist es zunächst und zuvörderst Aufgabe der Eltern, diesen Prozess anzustoßen und zu begleiten. Da junge Menschen heute verstärkt in Räumen öffentlicher Verantwortung aufwachsen, wird es auch zur Aufgabe dieser Institutionen jungen Menschen Normen und Werten zu vermitteln, ihren Entstehungsprozess sichtbar zu machen und Möglichkeiten der Veränderung von Normen aufzuzeigen. Die Tatsache, dass junge Menschen Normen und Werte einer Gesellschaft erst erlernen und sich mit diesen auseinandersetzen müssen, spiegelt sich im Rechtssystem, im Konzept der Strafmündigkeit sowie der Ausgestaltung eines speziellen Jugendstrafrechts wider. Die Strafmündigkeit bezeichnet die Fähigkeit, für eine Tat die strafrechtliche Verantwortung zu übernehmen. Sie beginnt in Deutschland mit 14 Jahren und wurde in der Vergangenheit immer wieder hoch- und herabgesetzt. Kinder, die noch nicht 14 Jahre alt sind, sind schuldunfähig und dementsprechend strafunmündig (vgl. § 19 StGB). Dagegen sind Jugendliche von 14 bis 18 Jahren strafrechtlich verantwortlich, wenn sie zur Zeit der Tat nach ihrer sittlichen und geistigen Entwicklung reif genug sind, das Unrecht der Tat einzusehen und nach dieser Einsicht zu handeln (§ 3 JGG). Der Gesetzgeber hat hier also einen Spielraum vorgesehen, in dem je nach Einzelfall über die Schuldfähigkeit des jungen Menschen entschieden und dementsprechende Konsequenzen und Maßnahmen ergriffen werden können.

Mit der Altersschwelle von 14 Jahren wird in Deutschland also die delinquente Handlung des jungen Menschen zu einem Tatbestand, der rechtliche Konsequenzen hat und von dem gesellschaftlichen Subsystem der Justiz bearbeitet wird. Bis zur Altersgrenze von 14 Jahren bleibt der Normverstoß ein rein erzieherisches Problem, für dessen Bearbeitung die Erziehungsberechtigten primär zuständig sind. Auch auf Grund des Bedeutungszuwachses der Kinder- und Jugendhilfe für das Aufwachsen von jungen Menschen gehört es zu ihrem Auftrag, Normen und Werte zu vermitteln sowie dem delinquenten Verhalten von jungen Menschen mit ihrem Hilfeangebot zu begegnen. Mit der Fachstelle frühe Intervention und Beratung Strafunmündiger (FIBS) im Haus des Jugendrechts Ludwigshafen können im Vorfeld der Strafmündigkeit Bedarfe von jungen Menschen und ihren Eltern eruiert und erzieherische Maßnahmen ergriffen werden. Dadurch werden Möglichkeiten geschaffen, auf das delinquente Handeln von Strafunmündigen frühzeitig zu reagieren. Damit wird das Ziel verfolgt, dass sich aus frühem delinquentem Verhalten kein negativer Entwicklungsverlauf bei jungen Menschen einstellt.

Kinderdelinquenz im Spiegel der Zahlen

Einen wichtigen Anhaltspunkt für die Einschätzung des quantitativen Ausmaßes von Kinderdelinquenz und dessen Entwicklung bietet die polizeiliche Kriminalstatistik. Sie betrachtet das Hellfeld der Kriminalität, also solche Straftaten, die zur Anzeige gebracht werden. Sie kann keine Aussage über das Dunkelfeld, also das Ausmaß und die Verteilung der Straftaten geben, die nicht angezeigt werden. Die hier aufgeführten Daten können also nur begrenzt Aufschluss über die Entwicklung der Delinquenz geben. Der Statistik zu Folge waren im Berichtsjahr 2017 3,5% aller Tatverdächtigen im Alter von unter 14 Jahren, gefolgt von der Gruppe der Jugendlichen (14 bis 18 Jahre) mit 9,0% und der Heranwachsenden (18 bis 21 Jahre) mit 9,3%. Rund 78% aller Tatverdächtigen sind somit im Jahr 2017 über 21 Jahre alt und damit erwachsen.

Abbildung 1: Tatverdächtige insgesamt nach Altersgruppen

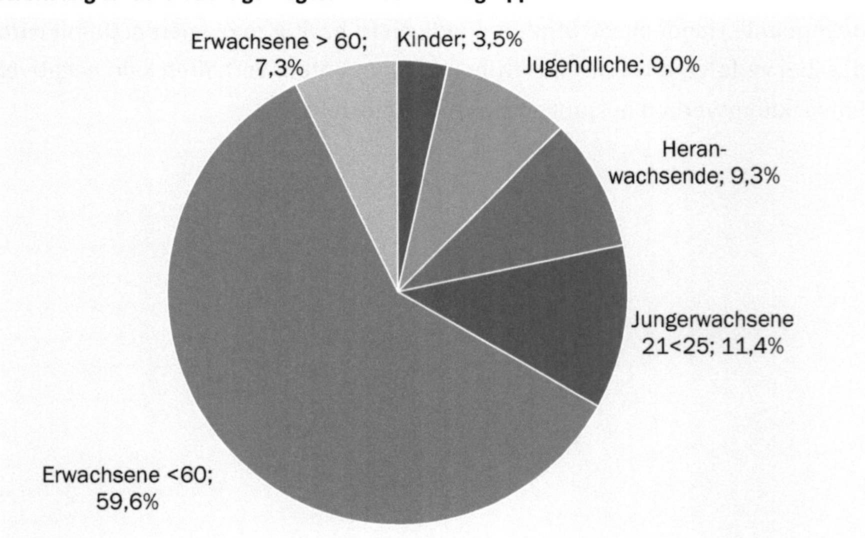

Quelle: BMI 2018, o. S.

Betrachtet man die zeitliche Entwicklung der Zahl der Tatverdächtigen, so wird deutlich, dass der Anteil der unter 14-Jährigen an allen Tatverdächtigen gesunken ist. Von 2011 auf 2017 gingen die absoluten Tatverdächtigenzahlen bei Kindern um 12,5% zurück. Auch der Anteil der Jugendlichen sowie der Heranwachsenden an allen Tatverdächtigen ist seitdem zurückgegangen. Ein geringer Zuwachs hingegen ist bei der Gruppe der Erwachsenen (über 21 Jahre) festzustellen.

Abbildung 2: Entwicklung – Tatverdächtige

Tatverdächtige	Anzahl		Veränderung gegenüber 2011		Verteilung in %	
	2017	2011	absolut	in %	2017	2011
*Tatverdächtige insgesamt	2.112.715	2.112.843	-128	0,0%	100,0%	100,0%
männlich	1.586.137	1.574.799	11.338	0,7%	75,1%	74,5%
weiblich	526.578	538.044	-11.466	-2,1%	24,9%	25,5%
deutsche Tatverdächtige - insgesamt-	1.376.450	1.628.314	-251.864	-15,5%	65,2%	77,1%
nichtdeutsche Tatverdächtige - insgesamt-	736.265	484.529	251.736	52,0%	34,8%	22,9%
Tatverdächtige insgesamt nach Alter						
Kinder (0 bis unter 14 Jahre)	74.897	85.600	-10.703	-12,5%	3,5%	4,1%
Jugendliche (14 bis unter 18 Jahre)	190.294	214.736	-24.442	-11,4%	9,0%	10,2%
Heranwachsende (18 bis unter 21 Jahre)	195.448	201.491	-6.043	-3,0%	9,3%	9,5%
Erwachsene (über 21 Jahre)	1.652.076	1.608.016	44.060	2,7%	78,2%	76,1%
Tatverdächtigenbelastungszahl der Deutschen						
**Tatverdächtige Insgesamt (ohne Kinder unter 8 Jahren)	3.058	2.344	714	30,5%		
Kinder (8 bis unter 14 Jahre)	1.725	1.612	113	7,0%		
Jugendliche (14 bis unter 18 Jahre)	6.687	6.058	629	10,4%		
Heranwachsende (18 bis unter 21 Jahre)	8.151	6.625	1526	23,0%		
Erwachsene (über 21 Jahre)	4.865	2.041	2824	138,4%		

* Anzahl der der Polizei bekannt gewordenen Tatverdächtigen

** Anzahl der Tatverdächtigen pro 100.000 Einwohner der jeweiligen Altersgruppe

Quelle: BMI 2018, o. S. & BMI 2013, S. 5

Einen Aufschluss über das Ausmaß an Kinderdelinquenz können zudem die Tatverdächtigenbelastungszahlen liefern, die die Zahl der durch die Polizei ermittelten Tatverdächtigen errechnet auf 100.000 Einwohner des entsprechenden Bevölkerungsanteils anzeigt. Mit dieser Zahl wird der unterschiedlichen

Verteilung verschiedener Altersgruppen an der Gesamtbevölkerung Rechnung getragen. Bezogen auf alle Altersgruppen ist die Tatverdächtigenbelastungszahl innerhalb des Betrachtungszeitraums 2011 zu 2017 gestiegen. Gleichzeitig hat die Tatverdächtigenbelastungszahl der unter 14-Jährigen unterproportional zugenommen. Im Berichtsjahr 2011 waren 1,6% der deutschen Kinder zwischen 8 und 13 Jahren von der Polizei als tatverdächtig registriert, im Jahr 2017 betrug ihr Anteil 1,7%. Innerhalb des Betrachtungszeitraums von fünf Jahren hat sich das Ausmaß an Kinderdelinquenz, bezogen auf die Bevölkerungszahlen, demnach kaum verändert. Des Weiteren lässt sich anhand der Polizeilichen Kriminalstatistik feststellen, dass mit steigendem Alter mehr Tatverdächtige registriert werden. Die höchste Tatverdächtigenbelastungszahl findet sich in der Gruppe der 18- bis 21-Jährigen.

Die relative Häufigkeit polizeilicher Registrierung erreicht vor dem 21. Lebensjahr ihr Maximum. Ergebnisse von Dunkelfeldbefragungen bestätigen die Normalität und Ubiquität von Rechtsbrüchen im Jugendalter. Mehr als 90% der befragten jungen Männer geben an, eine oder mehrere überwiegend unentdeckte Rechtsbrüche begangen zu haben (vgl. Spiess 2015, S. 12). Trotz dieser hohen relativen Häufigkeit polizeilicher Registrierung spielt die Jugendkriminalität für das Kriminalitätsaufkommen insgesamt quantitativ und qualitativ eine untergeordnete Rolle.

Für die Frage nach dem adäquaten Umgang mit delinquenten Strafunmündigen ist es neben der absoluten und relativen Häufigkeit besonders von Bedeutung, inwiefern das delinquente Verhalten in diesem Alter eine „kriminelle Karriere“ im weiteren Verlauf der Entwicklung begünstigt und wie genau die Taten aussehen. Wie bereits gezeigt wurde, gilt der Befund, dass delinquentes Verhalten bei Kindern weit verbreitet ist und sich vor allem in Bagatelldelikten ausdrückt (Meier 2010, S. 19). Anhand der PKS zeigt sich, dass es sich bei den Delikten von Kindern zum überwiegenden Anteil um „leichte“ Delikte handelt, wie Ladendiebstahl und Schwarzfahren (vgl. Spiess 2012, S. 21). Des Weiteren ist die Delinquenz im Kindes- und Jugendalter zumeist episodenhaft. 75% der Kinder, die von der Polizei als Tatverdächtige erfasst werden, wurden nur ein einziges Mal auffällig. Dagegen stehen 5% der tatverdächtigen Kinder, die fünf

Mal oder häufiger aufgegriffen wurden und auf die ein Viertel aller polizeilich erfassten Delikte von unter 14-Jährigen zurückzuführen sind (vgl. Hoops et al. 2001, S. 13).

Bezüglich der Entwicklungsperspektive von Kindern, die durch delinquentes Verhalten auffallen, ist es von Interesse, in wieweit diese jungen Menschen auch bis ins Erwachsenenalter hinein kriminelles Verhalten zeigen. Längsschnittstudien zeigen, dass es keinen unmittelbaren Zusammenhang zwischen Kinderdelinquenz und Delinquenz im Erwachsenenalter gibt. Zwischen Delinquenz im Jugend- und Erwachsenenalter jedoch gibt es Zusammenhänge. Ebenso wird deutlich, dass Kinder, die viele und tendenziell schwere Straftaten begehen, eher über das 14. Lebensjahr hinaus mit delinquentem Verhalten auffallen (vgl. Remschmidt/Walter 2009, S. 110). Längsschnittstudien konnten zudem zeigen, dass Delinquenz zum überwiegenden Anteil ein zeitlich befristetes Phänomen ist. So nimmt die Delinquenz bis zu einem Alter von 17-20 Jahren kontinuierlich zu und danach wieder ab. Der Zuwachs bis zum Alter von 17 bis 20 Jahren ergibt sich zum einen aus der Zunahme der Tatverdächtigen, zum anderen aber auch aus der Delikthäufung bei einigen Tätern (vgl. ebenda, S. 111).

Allerdings kann in Längsschnittstudien auch eine kleine Gruppe von Tätern ausgemacht werden, bei denen die Delinquenz mit dem Alter nicht abnimmt. Sie werden als „chronische Straftäter“ (ebenda) bezeichnet und machen Schätzungen zufolge 17-23% der Straftäter einer Alterskohorte aus. Diese Gruppe zeichnet sich dadurch aus, dass sie früher mit delinquentem Verhalten auffällt als solche Täter, bei denen sich die Delinquenz auf das Jugendalter beschränkt und danach verschwindet. Remschmidt und Walter (2009) folgern, dass ein früher Delinquenzbeginn ein wichtiger Prädiktor für eine spätere Rückfälligkeit ist (S. 112). Jugendliche Mehrfachtäter weisen hierfür ein deutliches Risiko auf. Zudem kann die Marburger Kinderdelinquenzstudie zeigen, dass chronische Straftäter „mehr als doppelt so viele unregistrierte Delikte vor dem 14. Lebensjahr begehen wie Personen, die in ihrem Leben niemals registriert worden waren“ (ebenda, S. 149).

2.3 Die Bearbeitung von Kinderdelinquenz als Aufgabe der Kinder- und Jugendhilfe

Die Ergebnisse aus den Statistiken und Längsschnittuntersuchungen machen deutlich, dass delinquentes Verhalten im Kindesalter ein weit verbreitetes Phänomen ist und entwicklungspsychologisch wie sozialisationstheoretisch gut zu erklären ist. Delinquenz im Kindes- und Jugendalter hat damit Normalitätscharakter. Die vorliegenden Befunde geben keinen Anlass zur Dramatisierung. Gleichzeitig ist normabweichendes Verhalten in Kindheit und Jugend mithin auch ein Indikator für erzieherischen Handlungsbedarf und gibt in bestimmten Fällen erste Hinweise auf mögliche problematische Entwicklungsverläufe. In der Marburger Kinderdelinquenzstudie (vgl. Remschmidt/Walter 2009) wurden auch soziale und familiäre Risikofaktoren in den Blick genommen. Es zeigte sich, dass chronische Straftäter am häufigsten aus unvollständigen Familien kommen sowie von Schulschwierigkeiten betroffen waren. Zudem machen weitere Studienergebnisse deutlich, dass Kinder, die vermehrt über delinquentes Verhalten berichten, ein von Konflikten und kontrollierenden Eltern geprägtes Familienleben vorfinden und sich häufiger in einer Peergroup bewegen, die delinquentes Verhalten akzeptiert (vgl. Hoops/Permien/Rieker 2001, S. 15). Diese Ergebnisse machen deutlich, dass delinquentes Verhalten einen Hinweis auf eine belastete Lebenssituation und soziale Benachteiligung von jungen Menschen darstellen kann (vgl. Scherr 2007, S. 72).

Die Bearbeitung von Kinderdelinquenz ist in diesem Sinne auch Auftrag der Kinder- und Jugendhilfe, indem sie Benachteiligung von jungen Menschen und Gefahren für ihr Wohl abbauen soll (§ 1, SGB VIII). Da im Falle der Delinquenz von Kindern die Justiz nicht zuständig ist, handelt es sich hier sogar um eine originäre Aufgabe der Kinder- und Jugendhilfe. Sie nimmt diese Aufgabe in unterschiedlichen Formen wahr. Zunächst gehört es zu den Aufgaben des Allgemeinen Sozialen Dienstes des Jugendamtes, auf eine polizeiliche Auffälligkeit von Kindern zu reagieren und den Hilfebedarf zu eruieren. Die Jugendhilfe begleitet junge Menschen zwischen 14 bis 20 Jahren im Strafverfahren. Aufgabe der Jugendhilfe im Strafverfahren ist es, eine sozialpädagogische Perspektive einzunehmen, sozialpädagogische Handlungsstrategien einzubringen und damit den erzieherischen Gedanken im Jugendstrafverfahren zu vertreten (vgl. Trenczek 2003, S. 20). Es gehört zur Aufgabe der Jugendhilfe im Strafverfahren geeignete Maßnahmen aus dem Leistungsspektrum der Kinder- und Jugendhilfe auszuwählen, die unabhängig vom Verlauf und Ausgang des Strafverfahrens zu erbringen sind. Grundlage für die Jugendhilfeleistung ist nicht die Straftat, sondern der eventuell deutlich werdende Hilfebedarf. Die Kinder- und Jugendhilfe hebt die genuin sozialpädagogische Sichtweise auf Straffälligkeit hervor und vertritt diese gegenüber dem primär sanktionierenden System der Strafjustiz. Diese Funktions- und Aufgabenbeschreibung der Kinder- und Jugendhilfe macht deutlich, dass auch delinquentes Handeln von Kindern zu ihrem Aufgabenbereich gehört, unabhängig von der Frage, ob hier eine strafrechtliche Relevanz vorliegt oder nicht.

Die Frage des fachlich angemessenen Umgangs mit Kinder- und Jugenddelinquenz beschäftigt die Kinder- und Jugendhilfe seit ihren Anfängen. Bereits 1912 hieß die Losung auf dem Dritten Jugendgerichtstag in Frankfurt „Erziehung statt Strafe“ verbunden mit der Hoffnung der Besserung der „besserungsfähigen und bedürftigen“ jugendlichen Straftäter (vgl. Müller 2001, S. 15). Mit den Mitteln der Erziehung sollte bei heranwachsenden jungen Menschen das erreicht werden, was mit Strafe nicht erzielt werden konnte. Was unter Erziehung verstanden wird und was genau mit Strafe gemeint ist, wird häufig ebenso unterschiedlich diskutiert, wie die Frage, welcher Auftrag sich für die Kinder- und Jugendhilfe ableiten lässt und wie eine gelingende Zusammenarbeit mit Polizei und Justiz gestaltet werden kann. In der heutigen fachlichen und fachpolitischen Diskussion um angemessene Interventions- und Präventionsstrategien finden sich unter anderem folgende vier zentrale Spannungsfelder:

Abbildung 3: Spannungsfelder im Umgang mit Kinderdelinquenz (eigene Darstellung)

Kinder- und Jugendkriminalität zwischen medialer Skandalisierung und Nicht-Beachtung

In unterschiedlichen Formen tauchen in den Medien regelmäßig Bilder der sogenannten „Monsterkids" auf, Strafunmündige, die „verwahrlost" oder als Mehrfach- und Intensivtäter ohne Skrupel rauben und schlagen und ohne harte Sanktionierung kaum zur Besserung fähig sind (vgl. Dollinger/Schmidt-Semisch 2010, S. 11ff.). Auf der Suche nach Lösungsstrategien wird die Herabsetzung der Strafmündigkeitsgrenze immer wieder diskutiert, auch wenn auf fachlicher Ebene unlängst Einigkeit besteht, dass die Absenkung der Strafmündigkeitsgrenze zu einer Ausgrenzung und Stigmatisierung der betroffenen Kinder führt, die erwartungsgemäß ungewollte Nebeneffekte produziert. Für die Öffentlichkeit entstünde dabei nur eine „Scheinsicherheit" (Münder/Landua 2005, S. 8). Auf der anderen Seite ist die Frage nach angemessenen fachlich-pädagogischen Konzepten im Umgang mit (mehrfach) delinquenten Kindern noch offen. Auch wenn die Zuständigkeit bei der Kinder- und Jugendhilfe liegt, gibt es „nur selten klare und verbindliche Regelungen zum Umgang mit Strafunmündigen" (Vietig 2011) an der Schnittstelle von Polizei, Jugendhilfe und Justiz.

Kinder- und Jugenddelinquenz zwischen Stigmatisierung, Prävention und Non-Intervention

Nahezu jede fachliche Auseinandersetzung beginnt mit dem Verweis, dass Kinder- und Jugenddelinquenz ein ubiquitäres, episodenhaftes und passageres Phänomen sei und im Prozess des Erwachsenwerdens eine entwicklungspsychologische Normalität darstelle (vgl. Müller/Peter 1998, S. 14). Aus dieser Feststellung werden unterschiedliche Konsequenzen gezogen: Eine normalisierende Variante setzt deshalb bei den überwiegend vorzufindenden Bagatelldelikten auf „Nichtstun", da ein Großteil der jungen Menschen das delinquente Handeln selbstständig ohne Intervention aufgibt. Warum also staatlich sanktionieren oder sozialpädagogisch intervenieren, wenn durch Stigmatisierung und Kontrolle mitunter mehr unerwünschte Nebeneffekte erzielt werden?

Die Debatte um Kinder- und Jugenddelinquenz wird aber ebenso bemüht, um den Ausbau einer präventiven Kinder- und Jugendhilfe zu legitimieren oder voranzutreiben. Die oftmals strategisch angesetzten Präventionsversprechen (z. B. mehr Jugendarbeit – weniger Jugendgewalt) sind ambivalent: Eine gut ausgebaute (präventive) Kinder- und Jugendhilfe hat kompensatorische Wirkung und stärkt individuelle Bewältigungsressourcen, aber häufig wird nicht klar herausgearbeitet, was genau mit welchen Mitteln und bei welcher Zielgruppe verhindert werden soll. So bleibt es nicht aus, dass viele Präventionsstrategien Elemente eines vorauseilenden Gehorsams durch soziale Kontrolle und stigmatisierende Nebeneffekte enthalten (vgl. Wohlgemuth 2009).

Kulturalisierung und Ethnisierung von Kinder- und Jugenddelinquenz

Wenn es in den Medien oder der Politik um Kinder- und Jugenddelinquenz geht, dann erfolgt seit einigen Jahrzehnten reflexartig immer auch der Verweis auf die statistische Überrepräsentanz von (männlichen) Jugendlichen mit Migrationshintergrund (vgl. Hoops/Holthusen 2011, S. 32ff.). Die Zusammenschau von Migration und Kriminalität – auch in den Plädoyers für differenzierte Analysen von Ursachen und Theoriekonzepten – ist mittlerweile ein selbstverständliches

Denkmuster und suggeriert, dass beide Sachverhalte zusammengehören. Dabei sind die möglichen Stigmatisierungseffekte dieser Diskussion hinreichend bekannt, während gleichzeitig wissenschaftlich belegt ist, dass die Kategorie „Migrationshintergrund“ keine homogene Gruppe beschreibt und insofern zur Analyse sozialer Phänomene ungeeignet ist (vgl. Hamburger 2009). Weitgehend unstrittig ist, dass – jenseits der Frage der Kriminalitätsprävention – die Kinder- und Jugendhilfe auf den gesellschaftlichen Wandel durch Migration längst noch nicht hinreichend fachlich und konzeptionell eingestellt ist.

In diesem Konglomerat von regelmäßiger medialer Skandalisierung („Monsterkids“), politischem Aktivismus (Herabsetzung des Strafmündigkeitsalters), der Kulturalisierung und Ethnisierung sozialer Probleme (Migrationshintergrund als Erklärungsmuster) und Traditionslinien, die zwischen Jugendhilfe, Polizei und Justiz eher auf Abgrenzung (Ambivalenz von Hilfe und Kontrolle) ausgerichtet sind, zeigt sich Handlungsbedarf bei der Suche nach fachlich angemessenen Interventions- und Präventionsstrategien.

Sozialpädagogische Prävention von Kinderdelinquenz

Die unterschiedlichen Aufgaben und Funktionen in der Justiz, der Polizei und in der Kinder- und Jugendhilfe finden sich auch in der Bearbeitung der Frage nach dem richtigen Umgang mit den geeigneten Präventionsstrategien von Delinquenz im Kindes- und Jugendalter wieder. Noch zu selten setzt sich die Erkenntnis durch, dass es nicht "die" Strategie und "die" geeignete Maßnahme gibt mit Hilfe derer normabweichende Verhaltensweisen vermieden bzw. pädagogisch bearbeitet werden können. Oftmals verschwimmen bei Programmen und Projekten in diesem Bereich die Grenzen zwischen der auf Förderung der Integrationsfähigkeit und Überwindung von Ausgrenzung angelegten sozialpädagogischen Intervention und der eher auf Sanktion und Kontrolle ausgerichteten ordnungspolitischen Maßnahmen von Polizei und Justiz (vgl. Scherr 2007, S. 69). In diese Richtung argumentiert auch die Arbeitsstelle Kinder- und Jugendkriminalitätsprävention (2007, S. 288). Die Umsetzung des Erziehungsgedankens zur Bearbeitung bzw. zur gezielten Vermeidung von Delinquenz bei

Kindern und Jugendlichen bedeutet, dass auffälliges Verhalten nicht als Wesensmerkmal der Person zu begreifen, sondern als Lernfeld und Entwicklungsaufgabe im Sozialisationsprozess (vgl. Steffen 2012, S. 94). Übersetzt in primär präventive Handlungsstrategien bedeutet diese Herangehensweise günstige Bedingungen des Aufwachsens für alle jungen Menschen zu schaffen. Das heißt konkret bspw., dass gezielte Armutspräventionsprogramme, Gemeinwesenansätze im sozialen Brennpunkt ebenso wie gezielte Maßnahmen zur Verbesserung der Bildungsverläufe benachteiligter Kinder und Jugendlicher Sozialisationsprozesse positiv beeinflussen können und damit die Wahrscheinlichkeit von Delinquenz reduzieren.

Zudem gilt es schon früh die Kompetenzen von jungen Menschen zur Konfliktlösung zu stärken und zu vermitteln, wie Normen in einer Gesellschaft entstehen, welche Bedeutung sie haben und wie sie verändert werden können (vgl. Thiersch 1998, S. 31). Diese Ansätze knüpfen an den sozialräumlichen Lebensverhältnissen der jungen Menschen an und können sich in Projekten konkretisieren, die in Schulen oder Kindertagesstätten realisiert werden, beziehen aber auch strukturelle Ansätze wie Städteplanung usw. mit ein.

Die Aufgabe zur Schaffung positiver Lebensumstände, die kriminalitätsvermeidend wirken können, ist nicht Aufgabe der Jugendhilfe allein, sondern liegt in gesamtgesellschaftlicher Verantwortung und bedarf der Kooperation unterschiedlicher Akteure. Die Kinder- und Jugendhilfe verfügt mittlerweile über ein breit gefächertes Angebot für eine gezielte Sekundär-Prävention. Dabei geht es um konkrete Handlungsansätze für spezifische Zielgruppen, bei denen aufgrund ungünstiger Lebensumstände und Biographieverläufe mit hoher Wahrscheinlichkeit zu erwarten ist, dass Delinquenz auftreten kann (vgl. Northoff 1997, S. 1). Hierzu zählt beispielsweise das Soziale Training oder auch Programme, die die Eltern oder andere Erziehungsberechtigte des jungen Menschen miteinbeziehen. Dabei ist zu bedenken, dass solche Maßnahmen Etikettierungs- und Stigmatisierungsprozesse in Gang setzen können, die die delinquente Selbstzuschreibung des jungen Menschen noch befördern und damit das normabweichende Verhalten verfestigen können (vgl. Hoops et al. 2001, S. 21f.).

Es ist daher umso wichtiger, das delinquente Verhalten des jungen Menschen als Lernchance zu begreifen und pädagogisch so zu bearbeiten das Normen und Regeln nachvollzogen werden können. Indem Kinderdelinquenz als Anlass gesehen wird, pädagogisch tätig zu werden und den Hilfebedarf des jungen Menschen und seiner Eltern in den Mittelpunkt gerichtet wird, erfüllt die Kinder- und Jugendhilfe eine zentrale ihr obliegende Aufgabe. Um sie bestmöglich zu bearbeiten, ist der Einbezug der Eltern ebenso unabdingbar wie die Kooperation mit Schulen, Polizei und anderen Akteuren im Stadtteil. Die Wichtigkeit der Zusammenarbeit verschiedener Akteure für die Wirksamkeit von kriminalpräventiven Ansätzen ist auch in unterschiedlichen Studien belegt (vgl. Remschmidt/Walter 2009, S. 245). Die Fachstelle Frühe Intervention und Beratung Strafunmündiger (FIBS) ist ein praktisches Beispiel für die Umsetzung dieser Erkenntnis.

3. Evaluationsdesign, Ziele und methodisches Vorgehen

Mit der Implementierung der Fachstelle Frühe Intervention und Beratung Strafunmündiger werden weitreichende Erwartungen und Zielsetzungen verbunden. Da bisher bundesweit wenige konzeptionelle Ansätze im Umgang mit Strafunmündigen vorliegen, betritt das Ludwigshafener Haus des Jugendrechts gewissermaßen „Neuland". Dementsprechend bestehen auch große Wissenslücken zu Zielgruppen, zu delinquentem Verhalten Strafunmündiger, zu wirksamen Handlungsstrategien und deren organisatorischer Verortung an der Schnittstelle zwischen Jugendhilfe, Polizei und Staatsanwaltschaft.

Aufgabe der Evaluation war es, diese Punkte in den Blick zu nehmen, um Transparenz über Zielgruppen, Handlungsweisen und der Aufgabenwahrnehmung der Fachstelle herzustellen. Darüber hinaus sollten Effekte und Nebenwirkungen durch die Befragung der AdressatInnen ebenso untersucht werden, wie die strukturellen Rahmenbedingungen, weitere Kooperationserfordernisse und konzeptionelle Weiterentwicklungsmöglichkeiten.

Angesichts dieser Zielperspektiven, der notwendigen Verbreiterung der Wissensbasis, der erst kurzen Projektlaufzeit zum Evaluationszeitpunkt und der Komplexität des Gegenstandes, wurde die Evaluation methodenplural und formativ angelegt, damit die Ergebnisse und Befunde direkt in Praxisentwicklungsprozesse eingespeist werden konnten.

Nachfolgend werden die drei zentralen Evaluationsebenen dargestellt:

Evaluationsebene 1: Wie gestaltet sich das Profil und die organisatorische Ausgestaltung der Fachstelle?

Die Idee zur Einrichtung einer Fachstelle, die sich eigens um Strafunmündige kümmert und damit ein pädagogisches Setting schafft, das eine zeitnahe Auseinandersetzung mit Normen und Normverletzungen ermöglicht, ist entstanden aus der Evaluation des Haus des Jugendrechts in den Jahren 2005 bis 2007. In Ludwigshafen wie auch in der Mehrzahl der deutschen Jugendämter liegt die Zuständigkeit für Strafunmündige in der Regel beim (Allgemeinen) Sozialen Dienst. Dies begründet sich unter anderem darin, dass vor allem die Leistungen der Kinder- und Jugendhilfe in den Vordergrund gestellt werden und eine Distanz zu den möglicherweise stigmatisierenden Strafverfolgungsorganen erzeugt werden soll (Müller/Mutke/ Wink 2008, S. 190). Erfahrungsgemäß kommt es in der praktischen Umsetzung jedoch häufig zu Reibungsverlusten und Schnittstellenproblemen zwischen Polizei und dem Allgemeinen Sozialen Dienst, wenn Verfahrensabläufe nicht transparent geklärt werden.

Aus diesem Grund wurde die Fachstelle FIBS in Ludwigshafen bei der Jugendhilfe im Strafverfahren angesiedelt. Innerhalb des Haus des Jugendrechts bestehen enge Kooperationsstrukturen und „kurze Wege“, die ein schnelles und effizientes Vorgehen im Umgang mit Strafunmündigen erlauben.

Über die Evaluation sollte herausgearbeitet werden, ob die Zuordnung der Fachstelle zur Jugendhilfe im Strafverfahren im Haus des Jugendrechts fachlich angemessen ist, die erwarteten Synergieeffekte eintreten und wie sich ggf. die ungewollten Nebenfolgen gestalten. Diese Evaluationsfragen wurden sowohl über eine standardisierte Fallerhebung, die Befragung von jungen Menschen und Eltern sowie im Rahmen von Workshops aufgegriffen und bearbeitet

Evaluationsebene 2: Um welche Zielgruppen, Erscheinungsformen delinquenter Verhaltensweisen und familiärer Umgangsweisen mit dem Thema Kinderdelinquenz geht es und sind die Handlungsstrategien angemessen?

Im Zentrum des zweiten Evaluationsschwerpunktes steht die empirische Erfassung der Erscheinungsformen von Kinderdelinquenz in der Stadt Ludwigshafen. Wie eingangs beschrieben liegt auch bundesweit nur sehr begrenzt Datenmaterial zu delinquentem Verhalten von Strafunmündigen vor, so dass hier nicht verlässlich auf bestehende Untersuchungen zurückgegriffen werden kann. Darüber hinaus ist anzunehmen, dass Kinderdelinquenz nicht allerorts in gleicher Weise und Form auftritt. Das Aufwachsen von Kindern in eher urbanen oder eher ländlicheren Gebieten unterscheidet sich in vielen Punkten, so dass anzunehmen ist, dass auch Kinderdelinquenz in einem Zusammenhang zum Sozialraum, zur familialen Herkunft und den damit verbundenen Bedingungen des Aufwachsens steht. Um präventive Angebotsstrukturen bedarfsorientiert zu gestalten und gezielt handeln zu können, ist die genaue Kenntnis von Zielgruppen und delinquentem Verhalten erforderlich. Aus diesem Grund wurden über einen Zeitraum von 15 Monaten hinweg sämtliche Fälle, die durch die Fachstelle für Intervention und Beratung Strafunmündiger beraten und betreut wurden, ausführlich dokumentiert und in Beziehung gesetzt zu Daten des Regionalen Familiendienstes sowie weiteren Datenquellen. Über die Fallerhebung sollten nicht nur die soziostrukturellen Merkmale der Kinder, die Delikte sondern auch die konkreten Interventionsstrategien einer kritischen Überprüfung zugänglich gemacht werden.

Evaluationsebene 3: Wie gestalten sich die Schnittstellen, Kooperationsformen und wie bewerten Eltern und Kinder die Intervention?

Die Fachstelle FIBS wurde einerseits als Spezialdienst innerhalb der Jugendhilfe im Strafverfahren und andererseits als Netzwerk- und Scharnierstelle innerhalb des Jugendamtes konzipiert. Im Rahmen der Evaluation sollten die Schnittstellen zwischen den unterschiedlichen Diensten innerhalb des Jugendamtes und zu leistungserbringenden Diensten genauer untersucht werden. Die Organisationsfragen sind zunächst fachlich. Ob und wie eine Organisation ihre Arbeit macht und welche Effekte und Nebenwirkungen eintreten muss allerdings auch aus der Perspektive der Nutzerinnen und Nutzer überprüft werden. Deshalb wurden auch junge Menschen und Eltern zur Arbeit der Fachstelle befragt.

Methodische Umsetzung

Die methodische Umsetzung dieser Evaluationsdimensionen stellt sich wie folgt dar:

Baustein 1: Standardisierte Fallerhebung im Zeitraum Januar 2011 bis März 2012

Über die Fachstelle FIBS wurde jeder zu bearbeitende Fall im Zeitraum Januar 2011 bis März 2012 mit einem eigens erstellten Erhebungsbogen erfasst. Der Bogen enthält Angaben zum Kind, zur Familiensituation, zur vorgeworfenen delinquenten Handlung, zu den Arbeitsschritten der Fachstelle, zu den ergriffenen Maßnahmen sowie Einschätzungen zum Erfolg der Hilfe. Im Erhebungszeitraum wurden 369 Fälle bearbeitet und dokumentiert. Der Erhebungsbogen befindet sich im Anhang.

Baustein 2: Teilstandardisierte Befragung der Kinder und der Eltern, die im Untersuchungszeitraum Kontakt zur Fachstelle FIBS hatten.

Sowohl für die Kinder wie für die Eltern wurde ein teilstandardisierter Fragebogen erarbeitet, der zum Ende der Beratung freiwillig und anonym ausgefüllt werden sollte. In diesem Bogen wurden neben soziodemographischen Daten vor allem Angaben zur Qualität und Zufriedenheit mit der Beratung und der beteiligten Institutionen erhoben. An der Befragung haben sich 150 Kinder und 177 Eltern beteiligt. Das bedeutet, dass für etwa die Hälfte aller Fälle auch direkte Aussagen von Kindern und Eltern zum Angebot vorliegen.

Baustein 3: Workshops mit Kooperationspartnern zu Schnittstellen und Konzeptfragen

Im Evaluationszeitraum wurden Workshops mit Vertreterinnen und Vertretern aus den Angeboten und Diensten der Kinder- und Jugendhilfe (Regionaler

Familiendienst, Schulsozialarbeit, Erziehungsberatung, Jugendförderung) sowie mit Migrantenselbstorganisationen durchgeführt. Ebenso wurden in einem separaten Workshop Schnittstellenfragen zur Polizei bearbeitet.

Baustein 4: Wissenschaftliche Begleitung einer Steuerungsgruppe

Prozessbegleitend wurde eine Steuerungsgruppe eingerichtet. Diese Steuerungsgruppe wurde gebildet aus der Jugendamtsleitung, der Projektleitung des Hauses des Jugendrechts, Vertreterinnen und Vertreter der Polizei und Staatsanwaltschaft, Mitarbeiterinnen und Mitarbeiter der Fachstelle FIBS sowie Leitungskräfte aus dem Bereich der Leistungserbringung.

4. Von der Entdeckung der Kinderdelinquenz im Ludwigshafener Haus des Jugendrechts bis zur Konzeptionierung der Fachstelle "Frühe Intervention und Beratung Strafunmündiger" (FIBS)

4.1 Die Entdeckung der Kinderdelinquenz im Ludwigshafener Haus des Jugendrechts (JuReLu)

Das Haus des Jugendrechts Ludwigshafen war von seiner Zielrichtung und den konkreten Aufgabestellungen auf strafmündige Jugendliche und junge Heranwachsende ausgerichtet. Durch neue Formen der Kooperation, organisationsstrukturelle Veränderungen bei Zuständigkeiten und bei der Bearbeitung von Verfahren sowie aufeinander abgestimmten Handlungsstrategien von Polizei, Staatsanwaltschaft und der Kinder- und Jugendhilfe sollten zeitnähere und pädagogisch passgenauere Interventionsformen bei delinquentem Verhalten Jugendlicher entwickelt werden. Erst das Vorliegen von Straftaten bei strafmündigen Jugendlichen und jungen Heranwachsenden führt zu Verfahren, die die Schnittstellen von Polizei, Staatsanwaltschaft und der Kinder- und Jugendhilfe tangieren. Bei strafunmündigen Kindern liegt die Zuständigkeit im Wesentlichen bei der Kinder- und Jugendhilfe, die Eltern beraten und unterstützen kann oder ggf. einen erzieherischen Bedarf bzw. mögliche Kindeswohlgefährdungen zu prüfen hat. Da Kinder nach § 19 StGB schuldunfähig sind, sind auch die Interventionsmöglichkeiten der Polizei und Staatsanwaltschaft anders als bei Jugendlichen sehr begrenzt.

Wie in zwei Drittel aller Jugendämter in Deutschland (vgl. Arbeitsstelle Kinder- und Jugendkriminalprävention 2011) lag auch in Ludwigshafen die Zuständigkeit für delinquente Kinder beim regionalen Familiendienst und nicht beim

Fachdienst „Jugendhilfe im Strafverfahren“, der im Haus des Jugendrechts angesiedelt ist. Die Zuständigkeitsausrichtung für delinquente Kinder ist deutschlandweit relativ einheitlich geregelt. Sofern klassisch ein Fachdienst „Jugendhilfe im Strafverfahren“ (oder abgekürzt JGH) vorhanden ist, dann liegt in 75% aller Jugendämter die Zuständigkeit für delinquente Kinder beim Allgemeinen Sozialen Dienst. Das bedeutet, dass delinquente Kinder vor allem als Kinder gesehen und das normabweichende Verhalten nicht im Kontext justizieller oder sanktionierender Interventionsformen verortet wird. Wenn Kinder durch normabweichendes Verhalten in Erkennung treten, bspw. durch Ladendiebstahl oder Schwarzfahren, dann weist dies auf einen möglichen erzieherischen Bedarf hin. Daraus ergibt sich folgerichtig eine Zuständigkeitszuordnung von delinquenten Kindern zum Allgemeinen Sozialen Dienst (in Ludwigshafen Regionaler Familiendienst), der in der Regel über gute sozialräumliche Kenntnisse der sozialen Infrastruktur verfügt, Weitervermittlungen an andere Einrichtungen und Dienste vornehmen sowie erzieherische Hilfen (§ 27ff. SGB VIII) einleiten kann. Im Allgemeinen Sozialen Dienst (Regionaler Familiendienst) liegt zudem das Wissen über ggf. bereits geleistete oder laufende Hilfen in den Familien vor, so dass Doppelzuständigkeiten und weitere Stigmatisierungen vermieden werden können.

Zunächst gab es im Jugendamt Ludwigshafen auch keine Bestrebungen im Zusammenhang mit dem Aufbau des Haus des Jugendrechts die Zuständigkeiten für delinquente Kinder zu verändern. Fachlich wie organisatorisch war die Zuständigkeit beim Regionalen Familiendienst gut begründet. Eine kritisch reflexive Debatte, die diese Zuständigkeitsregelung in Frage stellte, setzt mit dem Vorliegen erster Evaluationsergebnisse zur Umsetzung des Haus des Jugendrechts ein. Im Rahmen der wissenschaftlichen Begleitung wurde eine standardisierte fallbezogene Erhebung in allen beteiligten Institutionen (Polizei, Staatsanwaltschaft, Jugendamt, Pfälzischer Verein) durchgeführt, um die Zielgruppe, Verfahrensabläufe und Reaktionsweisen sowie deren Veränderung durch das Haus des Jugendrechts genauer bestimmen und analysieren zu können (vgl. Müller/Mutke/Wink 2008, S. 79ff.). Schon bei den ersten Datenanalysen ist aufgefallen, dass Kinder eine relevante Zielgruppe des Haus des Jugendrechts darstellen, auch wenn sie konzeptionell nicht bedacht werden. Im Projektzeitraum (1.9.2005 – 31.8.2007) wurden etwa 18% aller Delikte (1.100) von Kindern begangen.

Abbildung 4: Anteil der Straftaten gruppiert nach Altersgruppen (n=5.896)

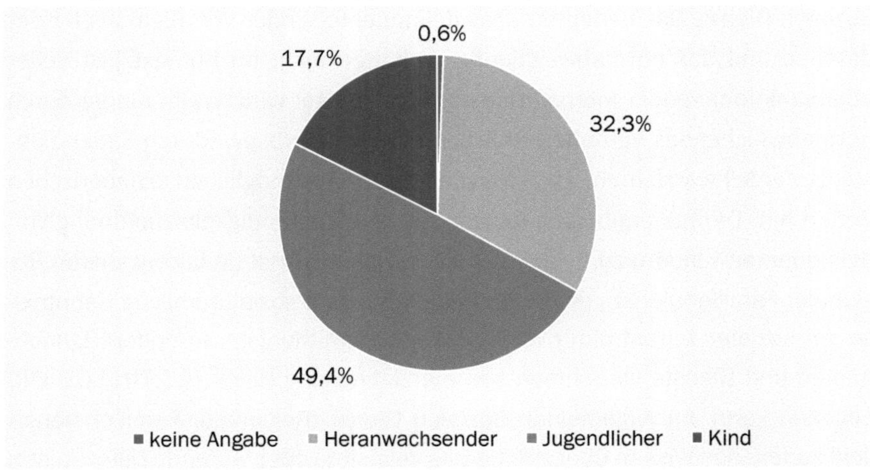

Quelle: Müller/Mutke/Wink 2008, S. 81

Etwa 650 Kinder wurden in diesem Zeitraum im Haus des Jugendrechts erfasst. Diese Zahl gab keinerlei Anlass zur Sorge, da in Ludwigshafen weder mehr noch weniger junge Menschen durch delinquentes Verhalten auffallen, als in anderen Städten (vgl. Müller/Mutke/Wink 2008, S. 80ff.). Dennoch verdeutlichen die Anzahl und der Anteil von delinquenten Kindern an allen zu untersuchenden Straftaten im Haus des Jugendrechts, dass es sich hierbei keineswegs um eine Randerscheinung handelt.

Abbildung 5: Alter in Jahren zum Tatzeitpunkt – gruppiert

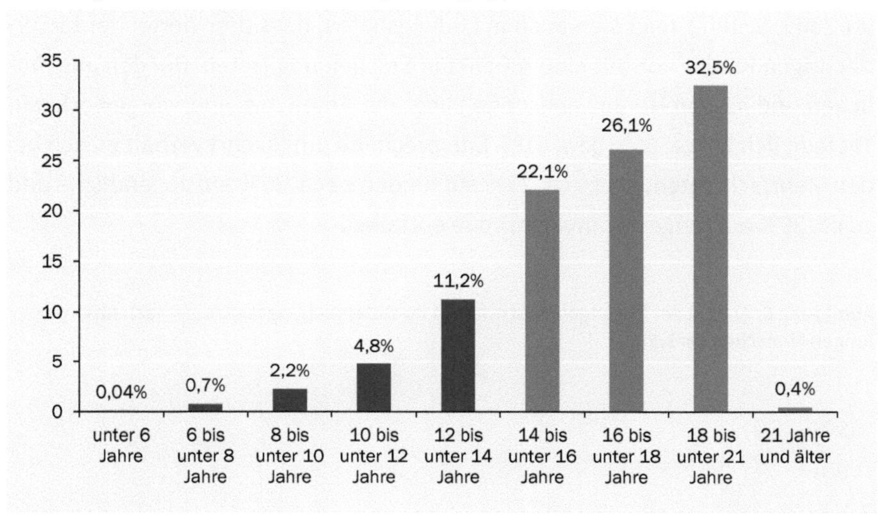

Quelle: Müller/Mutke/Wink 2008, S. 82

Wie die vorangehende Abbildung zeigt, handelt es sich bei den delinquenten Kindern im Wesentlichen um 12- und 13-Jährige (11,2%) sowie zu geringeren Anteilen um 10- und 11-Jährige (4,8%). Im Einklang mit anderen Untersuchungsergebnissen bilden bei delinquenten Kindern die Jungen (75%) die größte Gruppe (vgl. Hoops 2009, S. 19ff.). Auch ein Vergleich mit den Kriminalstatistiken des Polizeipräsidiums Westpfalz zeigt für die Stadt Ludwigshafen keine besonderen Auffälligkeiten bei der Höhe, dem Anteil oder der Art der Delikte (vgl. Müller/Mutke/Wink 2008, S. 82).

Übereinstimmend mit zahlreichen Aktenauswertungen (vgl. Remschmidt/Walter 2009, S. 18ff.) zeigt sich auch in Ludwigshafen, dass drei Viertel der tatverdächtigen Kinder nur mit einem Delikt in Erscheinung treten. Bei den Jugendlichen und jungen Heranwachsenden liegt der Anteil mit einer vorgeworfenen Tat lediglich bei ca. 65% bzw. 61%. Entsprechend umgekehrt verhält es sich bei den Mehrfach-Taten, die zu ca. 23% auf Kinder, zu ca. 35% auf Jugendliche und zu ca. 39% auf junge Heranwachsende entfallen.

Abbildung 6: Anzahl der begangenen Straftaten im Untersuchungszeitraum nach Alter der jungen Menschen (n=3.286)

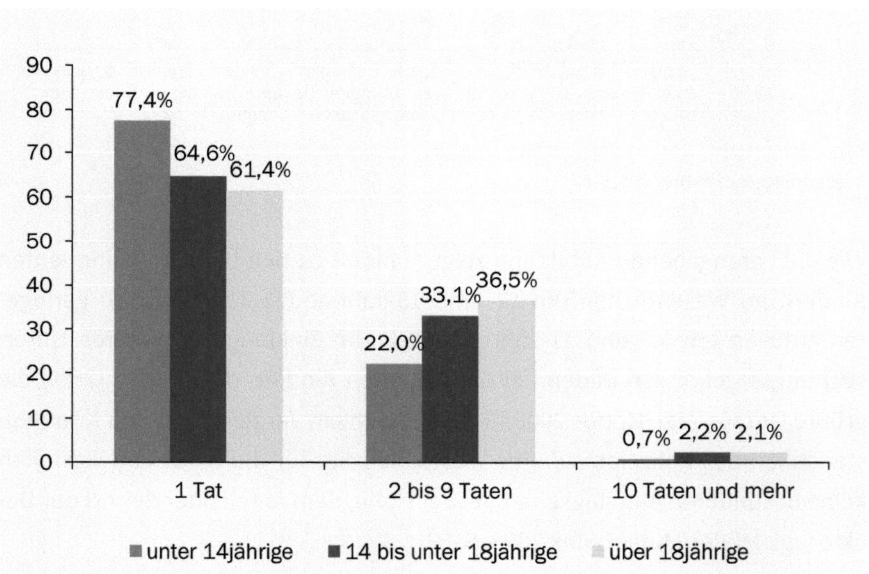

Quelle: Müller/Mutke/Wink 2008, S. 197

Bei der Analyse der Deliktgruppen zeigen die Ludwigshafener Ergebnisse keine nennenswerten Unterschiede zu anderen Untersuchungen. Kinder treten vor allem durch einfache Diebstahlsdelikte (39,2%) und (leichte) Körperverletzungen (18%) in Erscheinung.

Abbildung 7: Delikte in Deliktgruppen (Vergleich Strafunmündige und gesamt)

	Strafunmündige	Gesamt
Diebstahl ohne erschw. Umstände	39,2%	21,0%
Körperverletzung	18,0%	19,9%
Alle sonst. Straftaten StGB -ohne Verkehr	15,7%	15,3%
Vermögens- u. Fälschungsdelikte	11,1%	20,3%
Diebstahl unter erschw. Umständen	5,4%	10,7%
Sonstige Delikte unter 5%	10,6%	12,8%

Quelle: Müller/Mutke/Wink 2008, S. 180

Auch im Bereich der Kinderdelinquenz ist die Polizei die erste Anlaufstelle. Besonders nachdenklich stimmte der Befund, dass bei knapp einem Drittel aller Meldungen bereits Vorkenntnisse zu dem tatverdächtigen Kind bei der Polizei vorliegen (Abb. 10). Die allermeisten Vorkenntnisse resultieren aus vorausgegangenen Taten, die mit dem Kind in Verbindung gebracht werden konnten.

Abbildung 8: Liegen bereits Kenntnisse bei der Polizei vor? (gesamt, n=1.120)

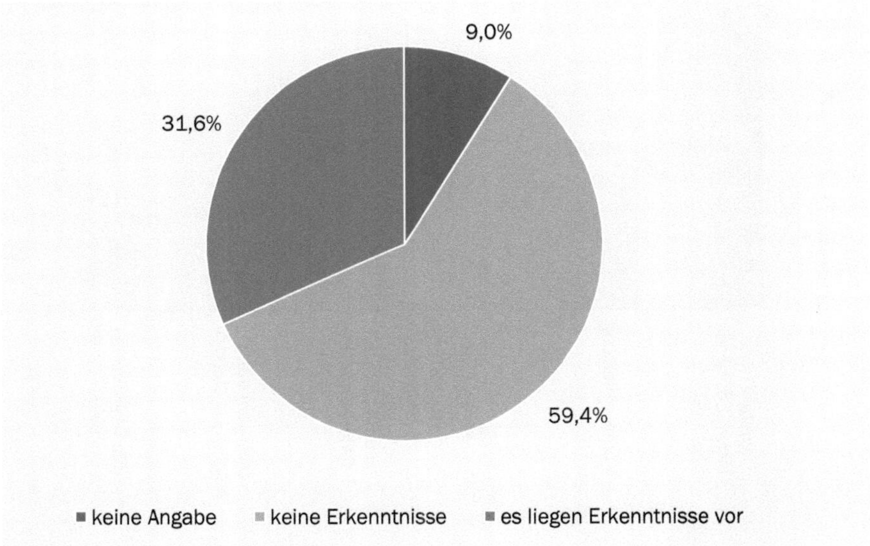

Quelle: Müller/Mutke/Wink 2008, S. 183

Aus der Perspektive der Polizei zeigen sich 39% der Eltern kooperationsbereit. In fast jedem viertem Fall entsteht bei der Polizei allerdings der Eindruck, dass Eltern überfordert, desinteressiert oder uneinsichtig sind.

Abbildung 9: Wie bewerten Sie die Zusammenarbeit mit der Familie des Beschuldigten/ Jugendlichen? (n=1.120, Mehrfachnennung möglich)

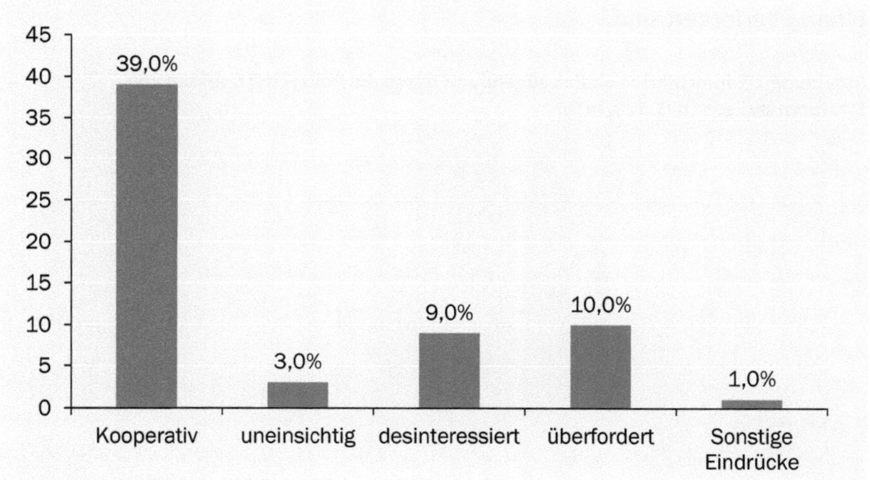

Quelle: Müller/Mutke/Wink 2008, S. 185

Die vorliegenden Daten verdeutlichen zudem, dass in etwa jedem dritten Fall die Polizei bei Delikten von Kindern das Jugendamt informiert. Hat die Polizei den Eindruck, dass die Eltern mit der Situation überfordert sind, dann wird eher regelhaft das Jugendamt eingebunden (75%). Die Daten belegen mit einer anderen Lesart aber auch, dass in zwei Drittel aller Fälle keine Information an das Jugendamt ergeht und in einem Viertel der Fälle auch dann nicht, wenn die Eltern überfordert sind.

Abbildung 10: Information an das Jugendamt durch die Polizei bei Delikten von Strafunmündigen (n=1.120, in %)

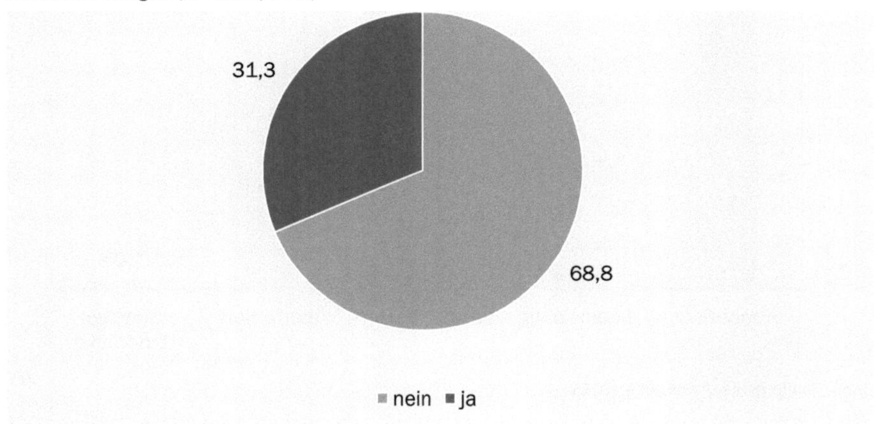

Quelle: Müller/Mutke/Wink 2008, S. 184

Dieses Problem einer fehlenden abgestimmten Informationsstrategie zwischen Polizei und Jugendamt wurde bereits in einer Studie der TU Berlin festgestellt. In den untersuchten Bezirken wurde lediglich jedes vierte tatverdächtige Kind von der Polizei an das Jugendamt gemeldet, ohne dass ein erkennbares Muster im Meldeverhalten vorlag. Seitens der Kinder- und Jugendhilfe stellt sich der Umgang mit den polizeilichen Meldungen ebenfalls wenig standardisiert dar. Die Reaktionsweisen variieren von Fachkraft zu Fachkraft mit einem Handlungsspektrum, das von keiner Reaktion bis hin zur gezielten Kontaktaufnahme zu den Eltern zwecks Ermittlung des erzieherischen Bedarfs reicht (vgl. Bindel-Kögel et al. 2004).

Die vorliegenden Befunde führen zu der Feststellung, dass in der Mehrzahl der Fälle von Kinderdelinquenz sowohl im Jugendamt sowie bei der Polizei die Handlungsweisen den subjektiven Deutungs- und Interventionsstrategien überlassen sind. Wann eine Meldung an das Jugendamt ergeht und was unter „gewichtigen" Anhaltspunkten zu verstehen ist, war dem jeweiligen Polizeibeamten genauso überlassen wie die Einschätzung zur Notwendigkeit einer Kontaktaufnahme zu den Eltern durch die Fachkraft der Jugendhilfe. Polizeibeamte fanden auch immer wieder irritierend, dass Meldungen an das Jugendamt aus datenschutzrechtlichen und fachlichen Gründen heraus nie mit einer Rückmeldung zum weiteren Fallverlauf einhergingen. Die aus guten Gründen fehlende Rückmeldung zu weiteren Schritten des Jugendamtes an die Polizei wurde dann als besonders problematisch erlebt, wenn Kinder häufiger nach delinquenten Handlungen bei der Polizei vorstellig wurden und keine Verhaltensänderungen bei Kindern und Eltern zu erkennen waren.

4.2 Was tun mit strafunmündigen Kindern?

Die vorliegenden Ergebnisse aus einschlägigen bundesdeutschen Untersuchungen sowie der wissenschaftlichen Begleitung des Haus des Jugendrechts in Ludwigshafen rücken die Frage nach veränderten Handlungsstrategien im Umgang mit strafunmündigen Kindern stärker in den Mittelpunkt fachlicher wie organisationsstruktureller Überlegungen.

Vereinbarungen zwischen Polizei und Jugendhilfe zu Informationsfluss und abgestimmten Handlungsstrategie

Zunächst einmal wurde deutlich, dass Vereinbarungen zwischen der Polizei und dem Jugendamt darüber notwendig sind, wie ein aufgabenangemessener und strukturell abgesicherter Informationsfluss zu erfolgen hat. Weder kann die Einschätzung gewichtiger Anhaltspunkte der subjektiven Einschätzung eines jeden Polizeibeamten überlassen bleiben, noch kann es im Jugendamt dem Engagement einzelner Fachkräfte anheimgestellt bleiben, ob eine Kontaktaufnahme zu den Eltern erfolgt oder nicht. Vielmehr braucht es ein abgestimmtes Handlungskonzept. Handlungsbedarf zeigte sich auch bzgl. einer verbesserten gemeinsamen Wissensbasis im Bereich der Kinderdelinquenz über Aufgaben, Möglichkeiten und Grenzen der jeweiligen Arbeitsgebiete von Jugendamt und Polizei. Die bereits funktionierenden kooperativen Arbeitsstrukturen von Jugendamt, Polizei und Staatsanwaltschaft im Haus des Jugendrechts lieferten hier eine Basis, um entlang aufgabenbezogener Fragestellungen gemeinsame Handlungskonzepte zu entwerfen. Die bisherigen Formen der Zusammenarbeit in diesem Bereich wurden als wenig zieldienlich und zufriedenstellend erlebt.

Pädagogische Konzepte für Kinder erarbeiten

Das Thema „Kinderdelinquenz“ wurde in der Modellphase des Ludwigshafener Haus des Jugendrechts aufgegriffen, als deutlich wurde, dass etwa jeder fünfte junge Mensch, der durch straffälliges Verhalten in Erscheinung trat, jünger als 14 Jahre war. Auffällig war zudem, dass der Altersschwerpunkt bei den 12- bis 13-Jährigen lag, also zeitlich nah an der Grenze zur Strafmündigkeit. Hier drängt sich die Frage auf, warum junge Menschen, die sich entwicklungspsychologisch von denjenigen um das 14. Lebensjahr herum kaum unterscheiden, grundlegend anders behandelt werden. Dabei geht es nicht um die justizielle Reaktion, sondern um Konzepte, die Kinder und Jugendliche entlang ihrer Entwicklungs- und Bewältigungsaufgaben dazu befähigen, adäquate Umgangsformen mit gesellschaftlichen Werten und Normen zu erlernen. Gemeint ist damit explizit nicht ein Mehr an sozialer Kontrolle oder justizieller Sanktion, sondern ein pädagogisches Setting, das zeitnah zur Tat eine Auseinandersetzung mit Normen, Normverstößen und deren Konsequenzen für die Opfer ermöglicht. Damit – und darauf verweisen die wenigen theoretischen und empirischen Arbeiten zum Thema Kinderdelinquenz (vgl. Hoops 2009, Remschmidt/Walter 2009) – müssen allerdings auch pädagogische Konzepte einhergehen, die auf die spezifischen Entwicklungsbedingungen der Kinder achten, Eltern unterstützen und Selbstbildungsprozesse der Kinder in ihren sozialen Kontexten fördern.

Handlungsbedarf bei den mehrfach durch delinquente Handlungen in Erscheinung tretenden Kindern

Spezifischer Handlungsbedarf zeigt sich mit Blick auf die zahlenmäßig kleine aber doch bedeutsame Gruppe der Kinder, die durch mehrere Straftaten in Erscheinung getreten ist und deren normabweichende Verhaltensweisen sich zu verfestigen drohen. Bei dieser Gruppe macht es wenig Sinn zu warten, bis sie endlich im strafmündigen Alter sind, um dann mit justiziellen Maßnahmen reagieren zu können. Je verfestigter sich bestimmte Handlungsroutinen ausgebildet haben, desto schwieriger wird es durch pädagogische Settings förderlich auf die Entwicklung des jungen Menschen Einfluss zu nehmen. In diesen Fällen ist deviantes Handeln nicht nur Ausdruck „normaler“ kindlicher Suchprozesse, sondern eingebettet in ein komplexes Geflecht fehllaufender Bewältigungsstrategien. Auch Kinder, die mehrfach durch delinquente Handlungen in Erscheinung getreten sind, müssen dadurch nicht zwangsläufig eine kriminelle Karriere begründen. Einschlägige Untersuchungen weisen aber darauf hin, dass bei mehrfach polizeilich auffälligen Kindern die Wahrscheinlichkeit steigt, dass sich hieraus „schwierige Fälle“ mit negativen Karrieren vor dem Hintergrund eigener Gewalterfahrungen, prekärer familialer Bezüge und problematischer Gleichaltrigengruppen („peers“) entwickeln (vgl. Holthusen 2014). Für diese Zielgruppe braucht es spezifische Angebote, die die Lebenslagen der jungen Menschen als Ganzes in den Blick nehmen und auch die Eltern einbinden. Die Hilfen zur Erziehung liefern hierzu ein breites Hilfespektrum, das ggf. auf die konkrete Situation mehrfach delinquenter Kinder zugeschnitten werden muss. Besonders in diesen Fällen ist ein abgestimmtes Handeln von Jugendhilfe und Polizei erforderlich, nicht nur um frühzeitig geeignete Hilfen anzubieten, sondern auch gezielte sekundär-präventive Maßnahmen in Kooperation entwickeln zu können.

„Lernarrangements“ für die Auseinandersetzung mit Normen in der Kinder- und Jugendhilfe verändern

Die vorliegenden Befunde und die sich daraus ergebenden Handlungsnotwendigkeiten gehen über die Neufassung von Kooperationsstrukturen zwischen Jugendamt und Polizei hinaus. Vielmehr geht es generell um die Frage, wie Polizei und Jugendhilfe auf normabweichende Verhaltensweisen von Kindern reagieren und in welchen Fällen durch welche Angebote „Lernarrangements“ für die Auseinandersetzung mit Normen und mit normabweichenden Verhaltensweisen geschaffen werden. Vor dem Hintergrund dieser Problemanalyse und Zielsetzungen geht es weniger um reine Organisationsveränderungen, sondern sehr viel grundlegender um die Entwicklung von Präventionsstrategien in Anbindung an bestehende Angebote der Kinder- und Jugendhilfe (z. B. Beratung, Schulsozialarbeit, Jugendarbeit, Hilfen zur Erziehung). Zuvörderst stellt sich allerdings die Frage, in welcher Arbeitsstruktur zwischen Polizei und Jugendamt die einhergehenden Informationen über delinquente Kinder möglichst reibungsfrei verarbeitet werden können und welche konzeptionellen sowie organisationsstrukturellen Schwerpunktlegungen hierzu erforderlich sind.

Geklärte Zuständigkeiten

Sehr grundsätzlich stellt sich damit die Frage nach der Zuständigkeitsverteilung bei delinquenten Kindern zwischen „Allgemeinem Sozialen Dienst“ (Regionaler Familiendienst) und dem Fachdienst „Jugendhilfe im Strafverfahren“. Bislang lag die Zuständigkeit für Strafunmündige wie in den allermeisten Jugendämtern beim „Allgemeinen Sozialen Dienst“ (Regionaler Familiendienst). Diese Regelung ist deshalb sinnvoll, weil dieser Dienst eine zeitnahe Scharnierfunktion im Sozialraum einnimmt und bei ggf. vorangehenden oder bereits laufenden Hilfen die betreffenden Familien kennt. Als nachteilig stellte sich zweierlei heraus:

1.) Zwischen dem Allgemeinen Sozialen Dienst und der Polizei gab es bei delinquenten Kindern kaum Kooperationsstrukturen. Ca. 20 Polizeibeamten und -beamtinnen stehen 40 Fachkräften im Allgemeinen Sozialen Dienst des Jugendamtes gegenüber ohne genau zu wissen, wer welche Aufgaben und welche Legitimation, fachliche Haltung hat und wie viel Ressourcen zur Verfügung stehen. Die daraus resultierenden Reibungsverluste setzen der Tendenz nach die wechselseitigen Ressentiments der Professionen Polizei und Sozialarbeit fort, die über Jahrzehnte mehr die Abgrenzungen denn die gemeinsamen Aufgaben betonen. Die Erfahrungen im Aufbau des Haus des Jugendrechts haben gezeigt, dass es erhebliche Anstrengungen und geregelte Strukturen braucht, damit eine Kooperation der beiden Institutionen gelingen kann. Transparenz bzgl. der Aufgaben, einfache Zuständigkeitsregelungen, gemeinsame Fortbildungen und Fachberatungen befördern eine aufgabenbezogene Zusammenarbeit.
2.) Dieser Weg müsste dann auch für die Zusammenarbeit bei delinquenten Kindern zwischen Polizei und regionalem Familiendienst beschritten werden. In der Konsequenz würde sich dadurch allerdings ein komplexes Kooperationsmodell für die Polizei ergeben, mit getrennten Zuständigkeiten bei der Jugendhilfe, die bei Strafunmündigen bei dem Regionalen Familiendienst und bei Strafmündigen bei der Jugendhilfe im Strafverfahren liegen. Der Handlungsbedarf wurde erkannt. Allerdings stellte sich die Frage nach der geeigneten Organisationsstruktur und dem Aufgabenprofil.

4.3 FIBS – Konzeptionierung einer Fachstelle im Ludwigshafener Haus des Jugendrechts

Die empirischen Befunde aus der Evaluation des Ludwigshafener Haus des Jugendrechts (JuReLu) sowie aktuelle fachliche Auseinandersetzungen mit dem Thema Kinderdelinquenz (vgl. u. a. Hoops 2009) verwiesen auf einen deutlichen Handlungsbedarf, der im Rahmen der Weiterentwicklung des Hauses des Jugendrechts angegangen werden sollte (vgl. Ohliger 2011). An der Sinnhaftigkeit zur Entwicklung verbesserter Handlungsstrategien im Umgang mit Kinderdelinquenz bestand bei allen beteiligten Akteuren kaum Zweifel. In welcher Form, in welcher Organisationsstruktur, mit welchen fachlichen Schwerpunktlegungen und Ressourcen war jedoch noch ungeklärt.

Die fachlichen Prämissen und Ziele

Nicht ohne Grund spielte auch in Ludwigshafen das Thema Kinderdelinquenz nur eine untergeordnete Rolle. Da nahezu alle Studien belegen, dass sich in der großen Mehrzahl der Fälle delinquentes Verhalten von Kindern von selbst bzw. durch Sozialisationseinfluss von Eltern, Schule und sozialem Umfeld wieder auswächst, bedarf es möglicherweise keiner außerordentlichen und ggf. stigmatisierenden Interventionen durch staatliche Organisationen (vgl. Lösel 2012, S. 48). Ein zurückhaltender Umgang mit Kinderdelinquenz ist auch deshalb angebracht, weil dieses Thema immer wieder Medien- und Politikkonjunkturen unterliegt. Insbesondere Ende der 90er Jahre gab es entlang von brutalen und aufsehenerregenden Einzelfällen delinquenter Kinder eine Medienberichterstattung, die ein Bild des „gefährlichen Kindes“ konstruierte (vgl. Müller/Peter 1998). Bis in parteipolitische Auseinandersetzungen hinein wurde um geeignete Strukturen gerungen, diesem vermeintlich neuen Problem Herr zu werden. Wie immer bei skandalisierenden Berichterstattungen werden schnelle politische Reaktionen und erfolgreiche Projekte erwartet, die angesichts der Komplexität der Sachlage in der Regel zu kurz greifen. Was übrig bleibt, sind einfache Forderungen nach Herabsetzung des Strafmündigkeitsalters, schärfere Sanktionen und technokratische Projekte, die schnelle Erfolge versprechen. In einem solchermaßen eng geführten Rahmen lassen sich adäquate Konzepte, die nicht auf Skandalisierung und zusätzliche Stigmatisierung zielen, kaum entwickeln. Vielmehr ist ein reflexiver Zugang zu dem Thema Kinderdelinquenz notwendig, der die soziale Konstruktion des „gefährlichen Kindes“ dekonstruiert und in eine Fachdiskussion einbettet, die entwicklungspsychologische, pädagogische wie kriminologische Erkenntnisse gleichermaßen berücksichtigt.

Kinderdelinquenz eignet sich nicht für Skandalisierungen, was in der Konsequenz häufig zu einer Bagatellisierung führt. Wenn auch normabweichende delinquente Handlungen von Kindern in der Regel ein vorübergehendes, episodenhaftes und ubiquitäres Phänomen darstellen, dann bedeutet das nicht zwangsläufig, es zu ignorieren oder angesichts von Zuständigkeitsproblemen die Bearbeitung dem Zufallsprinzip zu überlassen. Wenn auch vieles dafür spricht, das delinquentes Verhalten von Kindern weder zu kriminalisieren noch zu pädagogisieren, so zeigen einschlägige Untersuchungen eben auch, dass es bei etwa einem Drittel dissozial auffälliger Kinder zu einer langfristigen Verfestigung von kriminellen Karrieren kommt (vgl. u. a. Lösel 2012, S. 46). Daraus ergibt sich folgerichtig, dass delinquente Handlungen von Kindern sehr wohl einer fachlichen Reflexion bedürfen, um zu einer qualifizierten Einschätzung darüber zu kommen:

- ob es sich um ein normales kindliches Bagatelldelikt handelte, als Ausdruck von „Normen austesten wollen", „in Gruppen Bestätigung erfahren wollen" oder einfach nur „Fertigkeiten" und „Mut" beweisen wollen, als Bestandteil von Entwicklungsaufgaben, die jedes Kind auf unterschiedlich Art und Weise bearbeiten muss. Die Bearbeitung von Normverstößen, die Vermittlung der Sinnhaftigkeit von Normen und die Wiedergutmachung von Schäden sind in diesem Zusammenhang Bestandteil von normalen Erziehungsprozessen erforderlich. Allerdings müssen Eltern die notwendigen Informationen über die Handlungen ihrer Kinder erhalten, damit sie diese zum Gegenstand pädagogischer Maßnahmen machen können.
- ob es sich bei der Tat des Kindes um Anzeichen fehllaufender Bewältigungsstrategien handelt, die aus Überforderung, mangelnder Anerkennung, prekären familialen Verhältnissen oder fehlenden Auseinandersetzungsmöglichkeiten mit sich und der Welt resultieren. Auch krisenhafte Entwicklungsphasen von Kindern mit inadäquaten Verhaltensweisen sind durchaus normal, wenn gleichzeitig sichergestellt ist, dass ihnen entwicklungsförderliche Rahmenbedingungen zur Verfügung stehen. Die delinquente Handlung des Kindes wäre in diesem Fall nicht nur Anlass für pädagogische Maßnahmen der Eltern, sondern auch um entwicklungsförderliche offene Angebote der Kinder- und Jugendhilfe (z.B. Jugendarbeit, Schulsozialarbeit) den jungen Menschen näher zu bringen und anzubieten.

- ob es sich bei der Tat des Kindes nicht nur um fehllaufende Bewältigungsstrategien handelt, sondern insgesamt um ein Anzeichen für einen Erziehungshilfebedarf der Eltern und längerfristig angelegte Unterstützungsnotwendigkeiten des Kindes und seiner Erziehungsberechtigten.
- ob eine Kindeswohlgefährdung vorliegt, das Wohl des jungen Menschen in der Familie nicht mehr gesichert und eine Mitwirkungsbereitschaft der Eltern nicht gegeben ist, so dass weitergehende familiengerichtliche Maßnahmen ergriffen werden müssen.

So verstanden bietet die delinquente Handlung des jungen Menschen für die Kinder- und Jugendhilfe einen Anlass sowohl über gezielte Präventions- wie auch Interventionsstrategien nachzudenken bzw. diese zu unterstützen. Dazu sind allerdings systematisch zusammengestellte Informationen durch die Polizei notwendig, die nicht selbst nach subjektivem Ermessen darüber entscheidet, welcher Fall an das Jugendamt weitergegeben wird und welcher nicht. Vielmehr ist es erforderlich, dass alle Fälle in einer bestimmten Form mit einem vereinbarten Informationsgehalt an das Jugendamt gemeldet werden, um dort nach fachlichem Ermessen darüber zu entscheiden, wie weiter zu verfahren ist bzw. wozu diese Informationen weiter genutzt werden können.

Zwischen der Bagatellisierung und der Skandalisierung von Kinderdelinquenz gilt es neue Wege zu erarbeiten und zu erproben. Die Entscheidung wurde im Haus des Jugendrechts nach den ersten Auswertungen der Evaluationsergebnisse rasch getroffen. Handlungsleitend für diese neue Schwerpunktlegung war zudem die Erkenntnis, dass einerseits immer häufiger Eltern mit Erziehungsaufgaben überfordert sind und gleichzeitig andererseits das Aufwachsen von Kindern zunehmend in Institutionen stattfindet. Die Fallzahlen im Bereich der erzieherischen Hilfen steigen schon seit vielen Jahren kontinuierlich und sind ein deutlicher Indikator für Überforderungen von Eltern mit der Erziehungstatsache (vgl. MIFKJF 2013). Sowohl im Hinblick auf prekäre Lebenslagen von Familien wie mit Blick auf grundlegende Verunsicherungen bei Erziehungsfragen zeigt sich bei einer wachsenden Gruppe von Familien Unterstützungsbedarf. Das bedeutet in der Konsequenz auch, dass immer häufiger Eltern nicht über ein pädagogisches Handlungskonzept verfügen, um sich adäquat mit dem delinquenten Verhalten des Kindes auseinanderzusetzen.

Wenn Kinder heute den großen Teil ihrer Kindheit in pädagogischen Institutionen (Krippe, Kita, Ganztagsschule etc.) verbringen, dann muss die Auseinandersetzung mit gesellschaftlichen Werten und Normen, die Vermittlung ihrer Sinnhaftigkeit und Veränderbarkeit sowie der Umgang mit Verstößen auch dort pädagogisch behandelt werden. Ob und in welcher Form dies allerdings geschieht ist ungeklärt. Obwohl Kinder und Jugendliche immer mehr Lebenszeit in öffentlich verantworteten pädagogischen Institutionen verbringen, ist immer weniger transparent, entlang welcher normativer Grundlagen Erziehung tatsächlich stattfindet. Angesichts der deutschen Vergangenheit und im Bewusstsein, nicht die Fehler eines Erziehungsstaates zu wiederholen, ist die Auseinandersetzung mit den normativen Grundlagen von Erziehung unklar. Um Normverstöße von Kindern in normalisierenden pädagogischen Settings zu bearbeiten, bedarf es insgesamt einer Verständigung darüber, wie dies geschehen kann, wer welche Aufgaben dabei hat, wie das Zusammenspiel mit den Erziehungsberechtigten gelingt und wie Stigmatisierungen vermieden werden können.

Wenn einerseits Kindheit und Jugend zunehmend in öffentlich verantworteten Institutionen wie Kindertagesstätten und Schulen stattfindet und andererseits in einer entgrenzten Gesellschaft (Böhnisch/Lenz/Schröer 2009) mit sehr pluralen Lebenswelten auch der gesamtgesellschaftliche Bedarf an einer Werteverständigung zunimmt (vgl. Schubarth 2010, S. 38), dann ergeben sich grundlegend neue Argumente um auch den Bearbeitungsformen von Kinderdelinquenz einen erweiterten Stellenwert beizumessen. Da die Ausprägung moralischer Urteilskompetenz in Entwicklungsstufen verläuft (Kohlberg), diese nicht aufoktroyiert und nicht vermittelt werden kann, sondern ein Ergebnis einer aktiven, reflektierten Auseinandersetzung mit der Umwelt in sozialen Kontexten ist, bedarf es vielfältiger pädagogischer Angebote, die das Erlernen von Werten in einer demokratischen wie gerechten Gesellschaft ermöglichen (vgl. Brumlik 1992, S. 287ff.). Daraus ergibt sich, dass die Bearbeitung von Kinderdelinquenz zuvörderst eine pädagogische Aufgabe aller Institutionen darstellt, die es mit Kindern zu tun haben. So betrachtet, ist die Auseinandersetzung mit Werten und Normen konstitutiv für die Entwicklung von Kindern und damit jeglichen pädagogischen Handelns. Dazu gehört auch die Bearbeitung von Kinderdelinquenz in allen pädagogischen Settings, in denen sich Kinder aufhalten (z. B. Schule, Hort, Jugendarbeit, Schulsozialarbeit, Hilfen zur Erziehung). Es handelt sich dabei nicht um eine spezielle Aufgabe, sondern um eine allgemein pädagogische, die je nach Setting eine unterschiedliche Gewichtung und Ausprägung erhält.

Organisationsstrukturelle Rahmungen

Wenn es bei Kinderdelinquenz um eine allgemeine pädagogische Aufgabe geht, dann kann die organisatorische Konsequenz auch nicht in der Einrichtung von spezifischen Projekten oder Spezialdiensten liegen. Spezialisierungen bergen die Gefahr der Stigmatisierung („Angebote für kriminelle Kinder"), der Bildung von Doppelstrukturen und Zuständigkeitsproblemen (Weiterverweisung von delinquenten Kindern und deren Eltern) sowie der Schwächung von Regelstrukturen. Zu diesem Ergebnis kommt auch das sächsische Modellprojekt, in dem Hilfeangebote für delinquente Kinder entwickelt und evaluiert wurden (vgl. Sächsisches Landesamt für Familie und Soziales 2003, S. 73). Eine gut ausgebaute und mit niedrigschwelligen Zugangswegen versehene Kinder- und Jugendhilfe verfügt über ein breites Spektrum an Angeboten, in denen implizit oder auch explizit, mit und ohne Einbindung von Eltern die Auseinandersetzung mit gesellschaftlichen Werten und Normen sowie mit Verstößen stattfinden kann (z. B. §§ 11, 13, 16, 27 ff SGB VIII).

Dabei stellt sich allerdings die Frage, wie die Regelstrukturen im Umgang mit der Entwicklung moralischer Urteilsfähigkeit (Kohlberg) so qualifiziert werden können, dass diese nicht zufällig, technokratisch oder stigmatisierend eingesetzt werden, sondern bedarfsorientiert und partizipativ. Auch geht es nicht um eine allgemeine Prävention von Kinderkriminalität, die quasi über Verbote und indoktrinatorische Wiederholungen von Normen allein auf die Vermeidung von normabweichendem Verhalten zielt, sondern um spezifische Interaktions-,

Beratungs- und Lernarrangements für Kinder und Eltern, die entwicklungsphasenbezogen, lebenswelt-, biographie- und anlassorientiert die Entwicklung moralischer Urteilfähigkeit bei Kindern befördern, Eltern dabei unterstützen sowie eine generelle Aufarbeitung delinquenter Handlungen ermöglichen. Die Aufgabe muss systematisch in der Regelstruktur verankert werden. Dafür braucht es allerdings in der Fallarbeit sowie in der Konzeptentwicklung eine impulsgebende, koordinierende, federführende und vermittelnde Instanz.

Vor dem Hintergrund dieser Argumentationen wurde im Haus des Jugendrechts Ludwigshafen eine Fachstelle mit dem Titel Frühe Intervention und Beratung Strafunmündiger – FIBS eingerichtet. Die Ansiedlung dieser Fachstelle im Haus des Jugendrechts wurde durchaus kontrovers diskutiert, da hierdurch Kinderdelinquenz in die Nähe ordnungsrechtlicher und justizieller Vorgaben gerückt wird. Die vorangehende inhaltliche Debatte und Zielbestimmung von FIBS hat explizit deutlich gemacht, dass es bei Kinderdelinquenz um die Bearbeitung von Bewältigungs- und Entwicklungsaufgaben von Kindern bzw. um Erziehungsprobleme von Eltern geht und nicht um sanktionierende Interventionen.

Ausschlaggebende Argumente für die Entscheidung waren:

- Im Haus des Jugendrechts lagen bereits gute Kooperationsbeziehungen zwischen der Jugendhilfe im Strafverfahren und der Polizei vor. Auch bei Kinderdelinquenz ist die Polizei die erste Anlaufstelle. Hier fließen die Informationen zu dem betreffenden Kind, der Tat, den Opfern und ggf. erste Reaktionen der Eltern zusammen. Eine systematische und abgestimmte Informationsweitergabe der Polizei an die Jugendhilfe ist eine wichtige Voraussetzung für die Ausgestaltung des weiteren Fallverlaufs in der Verantwortung des Jugendamtes. Durch die räumliche Nähe von Polizei und Jugendhilfe im Ludwigshafener Haus des Jugendrechts und eingespielte Kooperationsroutinen sollte eine zeitnahe Informationsweitergabe gefördert werden.
- Für die Polizei war es wichtig, eine zentrale Anlaufstelle zu haben und nicht unterschiedliche Kooperationspartner auf Seiten des Jugendamtes, unterschieden nach Zuständigkeiten, die sich aus der Altersgrenze herleiten (Kin-

der im Regionalen Familiendienst, Jugendliche und junge Heranwachsende bei der Jugendhilfe im Strafverfahren). Eine Ansiedlung der Zuständigkeiten für delinquente Kinder im Regionalen Familiendienst hätte die Kooperationsaufgaben der Polizei verdoppelt und ein gänzlich neues Kooperationsprojekt zwischen Polizei und dem Regionalen Familiendienst erforderlich gemacht.

- In spezifischen Einzelfällen und näher zu definierenden Merkmalen wie Delikthäufigkeit, -schwere, Reaktionen von Kind und Eltern sollten zwischen Polizei und Fachdienst Fallberatungen und mündliche Übergaben durchgeführt werden um das Verfahren zu beschleunigen und eine qualifizierte Informationsvermittlung zu gewährleisten.
- Im Haus des Jugendrechts liegen vertiefende Fachkenntnisse rund um das Thema Kinder- und Jugenddelinquenz vor, so dass dieses Know-how auch zur Qualifizierung der sozialen Infrastruktur genutzt werden kann.
- Eine Herauslösung der Zuständigkeit für delinquente Kinder aus dem Regionalen Familiendienst wurde auch mit den fehlenden Ressourcen und den mangelnden Möglichkeiten zur Schwerpunktlegung auf dieses Thema begründet. Der Arbeitsalltag des Regionalen Familiendienstes ist stark bestimmt durch Anfragen oder Meldungen Dritter, die nur schwerlich steuerbar sind. Gehen Kinderschutzverdachtsmeldungen ein, müssen diese zeitnah in einem qualifizierten Verfahren bearbeitet werden. Die wachsende Anzahl erzieherischer Hilfen und die damit verbundene Diagnose- und Planungsverantwortung bindet ebenso Ressourcen wie Kooperationsanfragen von Schulen, Kindertagesstätten oder Diensten des Gesundheitswesens oder der Arbeitsverwaltung. Die Herauslösung dieser Aufgabe wurde nicht mit fehlenden Fachkenntnissen, sondern vielmehr mit fehlenden organisationsstrukturellen Möglichkeiten zur adäquaten Schwerpunktlegung in diesem Bereich begründet.

Die Reflexion der Organisationsentscheidung über die Zuordnung von FIBS im Haus des Jugendrechts ist gut nachvollziehbar und begründet. Dennoch ist sie in der Gegenüberstellung der inhaltlichen Programmatik ("Normalisierung" von Kinderdelinquenz, Erziehung, Beratung, Hilfe) und der Organisations- und

Arbeitspragmatik (vorhandene Kooperationen, räumliche Nähe, übersichtliche Strukturen) ambivalent und setzt eine starke Kinder- und Jugendhilfe im Haus des Jugendrechts ebenso voraus wie eine enge Anbindung an den Regionalen Familiendienst und die soziale Infrastruktur.

Rahmenbedingungen in der Modellphase

Für die Bearbeitung dieser Aufgabe standen dem Fachdienst in der Modellphase 0,75 Personalstellen und etwa 0,25 Verwaltungsstellen zur Verfügung. Diese begrenzten Ressourcen verdeutlichen schon, dass nicht alle der gesteckten Ziele und Aufgaben gleichermaßen und gleichzeitig umgesetzt werden konnten.

4.4 Das Aufgabenprofil von FIBS – Frühe Intervention und Beratung Strafunmündiger

Um diese weitgesteckten Ziele umsetzen zu können, wurde auch das Aufgabenprofil des Fachdienstes Frühe Intervention und Beratung Strafunmündiger (FIBS) entsprechend breit aufgestellt, wenn auch in der Anfangszeit nicht alle Aufgaben gleichermaßen angegangen werden konnten. Grob lässt sich das Aufgabenprofil von FIBS in drei Bereiche unterteilen:

Abbildung 11: Aufgabenprofil von FIBS – Prävention und Intervention (eigene Darstellung)

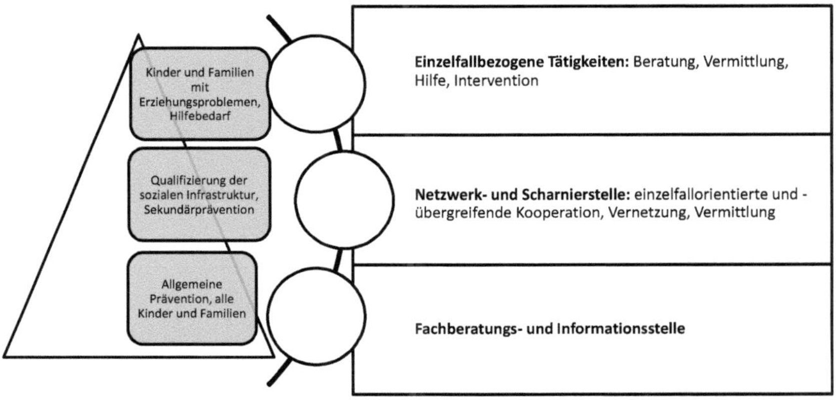

Kinder und Familien mit Erziehungsproblemen, Hilfebedarf

Qualifizierung der sozialen Infrastruktur, Sekundärprävention

Allgemeine Prävention, alle Kinder und Familien

Einzelfallbezogene Tätigkeiten: Beratung, Vermittlung, Hilfe, Intervention

Netzwerk- und Scharnierstelle: einzelfallorientierte und -übergreifende Kooperation, Vernetzung, Vermittlung

Fachberatungs- und Informationsstelle

FIBS ist eine einzelfallbezogene Anlaufstelle für delinquente Kinder, Eltern und Polizei

Mit der Einrichtung des Fachdienstes FIBS wurde mit der Polizei eine Vereinbarung getroffen, dass alle Kinder, denen delinquente Handlungen vorgeworfen werden und eine Intervention der Polizei erfolgte, auch dem Fachdienst gemeldet werden. Mit Hilfe eines standardisierten Informationsvermerks erfolgt eine einheitliche und die wesentlichen Angaben umfassende Weitergabe von relevanten Daten. In bestimmten Fällen kann auch eine dienstübergreifende Fallberatung durchgeführt werden. Bei Kindern stellt die Staatsanwaltschaft das Verfahren regelhaft ein.

Der Fachdienst FIBS prüft, ob ggf. der junge Mensch oder die Familie beim Regionalen Familiendienst oder anderen Diensten des Jugendamts bereits bekannt ist und eine Hilfe erhält bzw. erhalten hat. Liegt bereits eine Akte vor, klärt FIBS mit den entsprechenden Fachdiensten das weitere Vorgehen im Fall, um nichtintendierte Doppelbetreuungen zu vermeiden. Erhält der junge Mensch bzw. die Familie bereits eine Hilfe zur Erziehung, geht die weitere Fallbearbeitung an den Regionalen Familiendienst über. In manchen Fällen kann es auch fachlich angemessen sein, dass beide Dienste in enger Kooperation eine Fallbearbeitung durchführen. Die Familie des betroffenen Kindes erhält eine Einladung zu einem Beratungsgespräch zu FIBS ins Haus des Jugendrechts. Je nach Deliktart und familialem Hintergrund des Kindes wird der Familie direkt ein Termin vorgeschlagen bzw. einer offenen Vereinbarung überlassen. Im Rahmen des Erstgesprächs – so ein Bedarf vorliegt – wird mit der Familie und dem Kind das weitere Vorgehen erörtert. Das kann weitere Beratungstermine bei FIBS beinhalten, die Durchführung einer sozialen Konfliktschlichtung, die Vermittlung in eine Erziehungsberatungsstelle, in Zuständigkeit des Regionalen Familiendienstes die Einleitung erzieherischer Hilfen oder die Anrufung des Familiengerichts – so ein Mitwirkungsbereitschaft nicht gegeben und das Kindeswohl gefährdet ist. Der Prozessverlauf und die damit verbundenen Schnittstellen und Aufgaben sind unten in einem Schema (Abb. 13) dargestellt.

FIBS stellt die einzelfallbezogene Erstanlaufstelle bei delinquenten Kindern dar. In diesem Zusammenhang nimmt FIBS „Erst“-Beratungs- und auch Clearingfunktionen wahr, um, so sich ein weiterer erzieherischer Bedarf zeigt, qualifiziert an andere Dienste und Institutionen zu vermitteln. FIBS folgt demnach nicht dem Modell eines klassischen spezialisierten Dienstes, der im Rahmen seiner Zuständigkeit in alleiniger Verantwortung die weitere Fallbearbeitung durchführt.

FIBS als einzelfallübergreifende Netzwerk- und Scharnierstelle

Wenn es bei dem Thema Kinderdelinquenz nicht nur darum gehen soll, quasi reaktiv nach einzelnen Vorkommnissen Probleme und normabweichendes Verhalten von Eltern und Kindern zu bearbeiten, sondern insgesamt förderliche Bedingungen für die Entwicklung eines moralischen Bewusstseins in einer fairen und demokratischen Gesellschaft zu schaffen, dann müssen alle Institutionen die es mit Kindern zu tun haben an dieser Aufgabe mitwirken. FIBS erfüllt in diesem Zusammenhang eine Netzwerk- und Scharnierfunktion wenn es darum geht, für diese Aufgabe zu sensibilisieren, Schnittstellen zu gestalten und neue Aufgaben zu schaffen. Sowohl im Bereich der Erziehungsberatung, bei der Schulsozialarbeit oder der Jugendarbeit zeigen sich wichtige Kooperationspartner mit Hilfe derer Lernarrangements für Kinder und Eltern im Bereich der moralischen Bewusstseinsbildung bzw. einzelfallbezogene pädagogische Settings in Normalinstitutionen geschaffen werden können. FIBS übernimmt in diesem Bereich koordinierende, kooperierende und planende Aufgaben.

FIBS als Fachberatungs- und Informationsstelle

Nicht alle Fachdienste der Kinder- und Jugendhilfe können sich vertiefend mit allen Fachfragen rund um Erziehung, Hilfe und Bildung sowie die auftretenden Probleme und Bewältigungsaufgaben von Kindern und Familien beschäftigen. Es ist weder machbar noch sinnvoll, dass sich alle Dienste und Professionellen mit allen Themen beschäftigen. Wichtig ist es vielmehr, dass die für bedeutsam erachteten Aufgaben und Themen in der Organisation mit Zuständigkeiten und Ressourcen versehen werden. In diesem Zusammenhang kommt dem Fachdienst FIBS die Aufgabe zu, die erforderlichen Spezialkenntnisse zu sammeln und in unterschiedlicher Form (Tagungen, Fortbildungen, Arbeitsgruppen, Papiere) für andere Dienste in der Sozialen Infrastruktur aufzubereiten. An dieser Stelle handelt es sich bei FIBS um einen Spezialdienst, der spezielle Informationen und Wissensbestände sammelt und als anerkannter Fachdienst einer interessierten Öffentlichkeit bekannt macht.

Ablaufprozesse der Fachstelle

Um die veränderten Verfahrensabläufe im Einzelnen zu betrachten, wurden gemeinsam mit den Fachkräften Verlaufsdiagramme entworfen, um darzustellen, welche konkreten Veränderungen es seit der Implementierung der Fachstelle für Intervention und Beratung Strafunmündige gab. In aller Regel geht die Information über eine delinquente Handlung zunächst bei der Polizei ein. In jedem Fall erfolgt die Information der Staatsanwaltschaft („Abverfügung an Staatsanwaltschaft"), wo es zu einer Einstellung des Verfahrens gem. § 19 StGB kommt. Sofern es sich um einen akuten Fall handelt, der sofortigen Handlungsbedarf erfordert, begibt sich die Polizei an den Tatort und begleitet das Kind/die betroffenen Kinder zu den Eltern. Je nach Sachlage erfolgt eine Anhörung von Eltern und Kind bei der Polizei. Außerdem schätzt die Polizei nach ihrer Kenntnislage ein, ob eine Information des regionalen Familiendienstes notwendig ist. Auch die Staatsanwaltschaft kann nach spezifischer Einschätzung des Falls die relevanten Informationen an den regionalen Familiendienst weitergeben bzw. das Familiengericht entsprechend informieren.

Beim Regionalen Familiendienst erfolgt nach Eingang des Falls eine eigene sozialpädagogische Einschätzung, ob ein eigenständiges Tätigwerden des Jugendamts notwendig ist. Die Einschätzung, ob delinquentes Verhalten von Kindern auf einen erzieherischen Bedarf hindeutet, obliegt der regional zuständigen Fachkraft. Eine Rückmeldung an die Polizei über das Vorgehen des Jugendamts gibt es nicht strukturell.

Vor der Einführung des Fachdienstes gab es wenige Absprachen und verbindliche Standards zum Vorgehen in Fällen von Kinderdelinquenz. Die Einschätzung an den jeweiligen Stellen wurde individuell getroffen, ein regelhaftes Verfahren blieb aus. Die nachfolgende Abbildung 12 veranschaulicht den Prozessablauf vor der Implementierung der Fachstelle. Durch die Einrichtung einer Fachstelle, die sich explizit mit Fällen von Kinderdelinquenz befasst, ist sichergestellt, dass in allen Fällen, in denen die Polizei in Kenntnis gesetzt wird, die Informationen zum Fall an die dortigen Fachkräfte weitergeleitet wird. Meist geschieht dies durch die Zuleitung eines ausführlichen Berichts, der für das Jugendamt relevante Informationen enthält. Bei besonders schwierig gelagerten Fällen fand auch eine persönliche Aktenübergabe statt, so dass ein direkter fallbezogener Austausch zwischen Polizei und Jugendamt möglich wird.

In Einzelfällen ergibt sich im Rahmen der Anhörung von Eltern und Kind bei der Polizei ein direkter Handlungsbedarf für das Jugendamt, so dass der Kontakt noch im Rahmen der Anhörung hergestellt werden kann. Durch die Ansiedelung der Fachstelle unter dem Dach des Haus des Jugendrechts wird dies erst möglich.

Abbildung 12: Informationsweiterleitung und Arbeitsschritte bei der Einzelfallbearbeitung vor Implementierung von FIBS

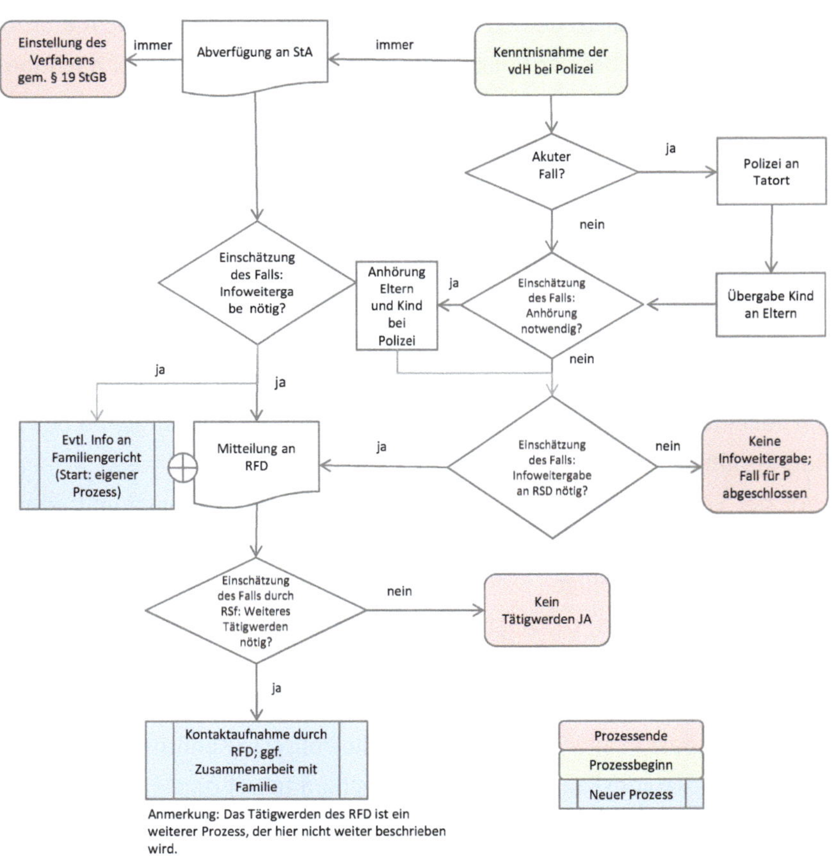

Durch Vereinbarungen zwischen der Fachstelle FIBS und der Polizei soll sichergestellt werden, dass in jedem Fall eine sozialpädagogische Einschätzung erfolgen kann und die Hinweise auf erzieherischen Bedarf in den Blick genommen werden können. Gleichermaßen ermöglichen diese Absprachen schnelle Interventionsmöglichkeiten, die verhindern dass zu viel Zeit verstreicht und keine angemessene Reaktion auf das Verhalten der Kinder in kurzer Zeit erfolgt.

Zunächst erfolgt eine Prüfung der Zuständigkeit. In jedem Fall gelangt die Akte an den zuständigen Mitarbeiter der Fachstelle für Intervention und Beratung Strafunmündiger. Sofern die betroffene Familie bzw. das betroffene Kind aus anderen Kontexten bereits beim Regionalen Familiendienst bekannt ist, wird eine Kopie der Akte und des Berichts an die Sachbearbeitung weitergeleitet. Es erfolgt eine Abstimmung zwischen den beiden Diensten des Jugendamts, wer für den jeweiligen Fall zuständig ist. Sofern bereits etwaige Hilfen in der Familie installiert sind, übernimmt der Regionale Familiendienst die Verantwortlichkeit.

Sofern die Familie bisher unbekannt ist bzw. die Intervention der spezialisierten Fachstelle als sinnvoll erachtet wird, verbleibt die Zuständigkeit bei FIBS. Hier wird im Einzelnen eingeschätzt, ob ausschließlich ein Beratungsangebot an die Familie ergeht oder ob aus Sicht der Fachkräfte ein Beratungsgespräch notwendig ist. Sofern nur eine Information über die Beratungsmöglichkeiten der Fachstelle erfolgt, liegt es in der Verantwortung der Eltern das Jugendamt zu kontaktieren.

Abbildung 13: Informationsweiterleitung und Arbeitsschritte bei der Einzelfallbearbeitung nach Implementierung von FIBS (Teil 1)

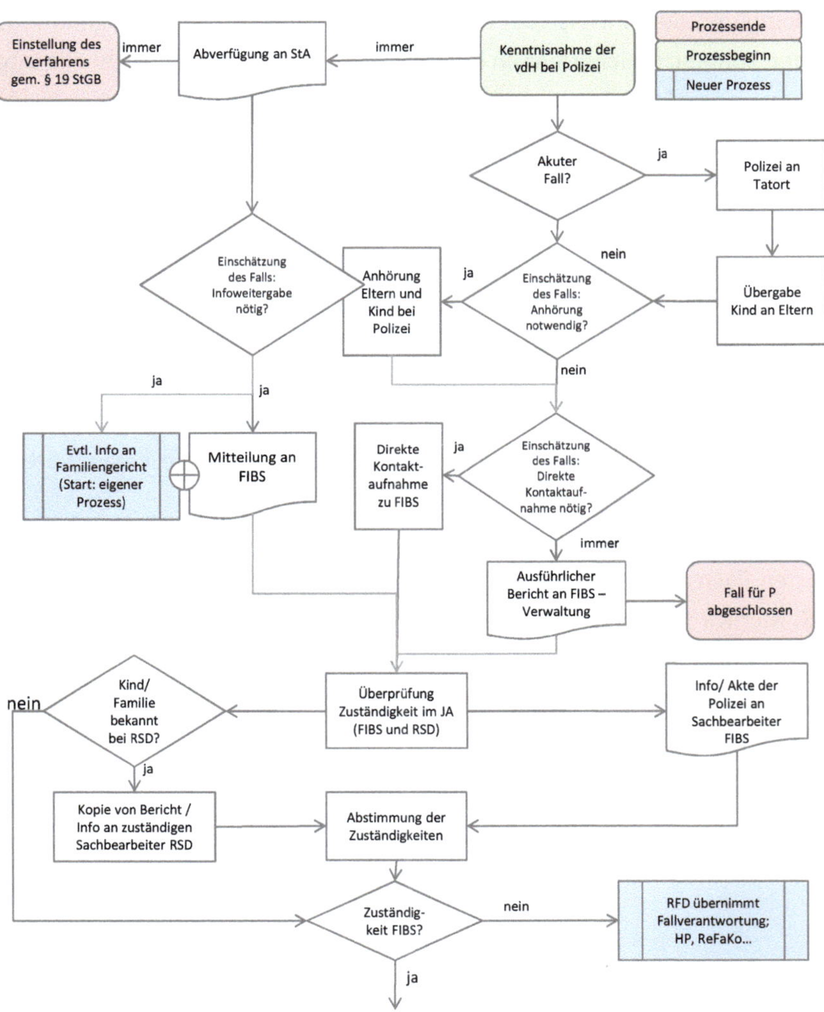

Sofern die Fachkräfte zu der Einschätzung kommen, dass ein Gespräch mit Eltern und Kind dringend notwendig ist, erhalten die Eltern einen Terminvorschlag für eine Beratung. Über ein gestuftes Verfahren der Kontaktaufnahme (mehrere Anschreiben, telefonischer Kontakt, Hausbesuch) wird der Kontakt zur Familie gesucht bis es zu einem Beratungsgespräch kommt. Ziel ist die Erörterung der Sachlage zusammen mit Kind und Eltern, um gemeinsam eine Lösung zu erarbeiten. Dabei kann eine Hilfe aufgrund eines erzieherischen Bedarfs nach Antragstellung der Eltern erfolgen.

Abbildung 14: Informationsweiterleitung und Arbeitsschritte bei der Einzelfall-bearbeitung nach Implementierung von FIBS (Teil 2)

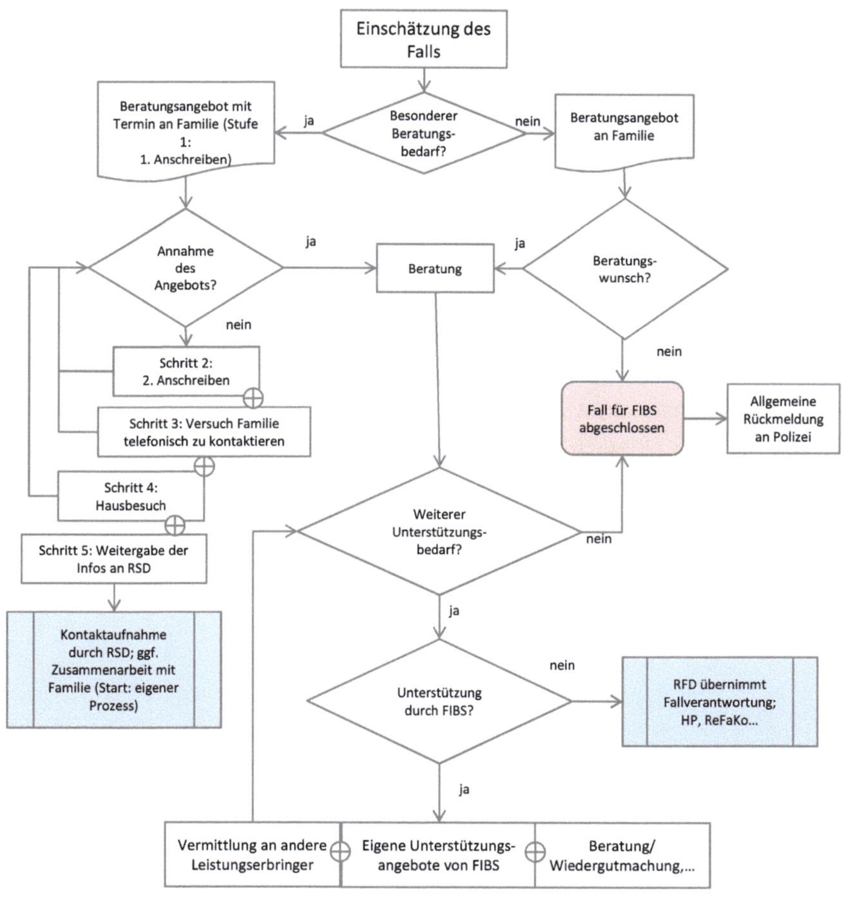

Sofern eine Kontaktaufnahme zur Familie nicht gelingt, werden die Informationen an den Regionalen Familiendienst übergeben, der wiederum den Kontakt sucht und die weitere Zusammenarbeit mit der Familie übernimmt. Wird im Rahmen des Gesprächs ein Unterstützungsbedarf der Familie deutlich, gibt es die Möglichkeit, dass FIBS weiterhin zuständig bleibt und mit spezifischen Angeboten die Familie und das Kind unterstützt. Dabei kann es sich um die Vermittlung der Betroffenen an andere Leistungserbringer handeln, um eigene Unterstützungsangebote durch FIBS sowie weitere Beratungsangebote oder Maßnahmen zur Wiedergutmachung. Wird im Verlauf der Beratung ersichtlich, dass die Hilfsmöglichkeiten nicht ausreichen um den Unterstützungsbedarf in der Familie zu decken, besteht die Möglichkeit, dass der Regionale Familiendienst weiterführende Hilfen einleitet.

Zentraler Unterschied beider Verlaufsmodelle ist, dass es im zweiten Modell klare Zuständigkeitsregelungen und Verfahrensabsprachen gibt, die alle Beteiligten schnell und zuverlässig zum Handeln befähigen. Es ist sichergestellt, dass nicht nur Einzelfälle nach persönlichem Ermessen weitergeleitet werden, sondern die Fachstelle in allen Fällen informiert wird und die Möglichkeit einer fachlichen Einschätzung erhält. Durch die enge Verzahnung mit dem Regionalen Familiendienst richtet sich der Fokus auf das Erkennen eines erzieherischen Bedarfs bzw. die frühe Unterstützung durch niedrigschwellige Hilfen. Es geht nicht um unterschwellige Sanktionen.

5. Empirische Befunde zur Kinderdelinquenz in Ludwigshafen und zur Arbeit der Fachstelle FIBS

5.1 Ausgewählte Merkmale zu den tatverdächtigen Kindern, den Delikten sowie den soziostrukturellen Rahmenbedingungen

Im Erhebungszeitraum der wissenschaftlichen Begleitung (01/2011 bis 03/2012) wurden 380 strafunmündige Kinder aufgrund von vorgeworfenen delinquenten Handlungen durch die Polizei bei der Fachstelle FIBS gemeldet. Diesen Kindern wurden 488 delinquente Handlungen zur Last gelegt. Bezogen auf alle Ludwigshafener Kinder unter 14 Jahre treten 17,9 von 1.000 unter 14 Jahren durch delinquente Handlungen in Erscheinung. Das bedeutet, dass etwa 2% der Kinder durch bestimmte normabweichende Handlungen bei der Polizei gemeldet werden. Umgekehrt lässt sich daraus aber auch die Schlussfolgerung ziehen, dass 98% aller Kinder nicht durch delinquente Verhaltensweisen auffällig werden. Das Ausmaß an Kinderdelinquenz ist in Ludwigshafen nicht höher als in anderen Städten. Dennoch wird deutlich, dass bei 380 Kindern, denen knapp 500 delinquente Handlungen vorgeworfen werden, konzeptioneller Handlungsbedarf bei der Kinder- und Jugendhilfe besteht, um strukturell auf dieses Phänomen zu reagieren.

Kinderdelinquenz hat einen Schwerpunkt bei den 12- und 13-Jährigen.

Dieser Handlungsbedarf wird umso plausibler, wenn man die Altersstruktur der bei Polizei und FIBS registrierten Kinder genauer analysiert. Wie die nachfolgende Abbildung zeigt, liegt der Schwerpunkt bei den 12- und 13-Jährigen Kindern, die zusammengenommen mehr als die Hälfte der Tatverdächtigen stellen.

Abbildung 15: Alter des Kindes zum Zeitpunkt der „vorgeworfenen delinquenten Handlung" (n=369)

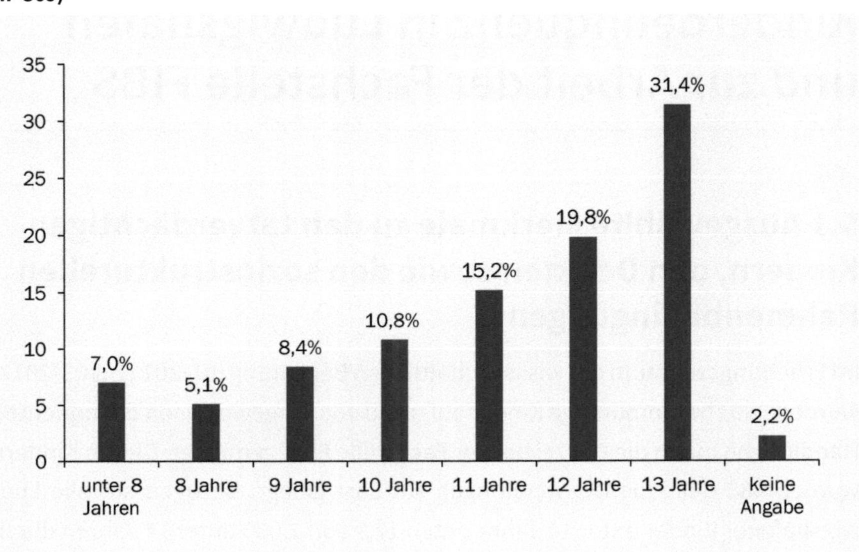

Auch dieses Ergebnis deckt sich mit vorliegenden Studien, die zudem darauf hinweisen, dass hier möglicherweise Anzeichen einer Vorverlagerung jugendlichen Delinquenzverhaltens in die späte Kindheit zu verzeichnen sind (vgl. Hoops 2009, S. 17). Angesichts der Tatsache, dass knapp ein Drittel aller tatverdächtigen Kinder 13 Jahre und damit dicht an dem Strafmündigkeitsalter sind, wird umso deutlicher, dass aus pädagogischen Gesichtspunkten heraus nicht das Alter darüber entscheiden darf, ob das normabweichende Verhalten als Indikator für pädagogische Interventionen gewertet wird. Vielmehr verweisen die Daten auf gezielte Ansatzpunkte für Prävention. Aus der Dunkelfeldforschung ist bekannt, dass gerade die Altersgruppe der 12- und 13-Jährigen eine hohe Prävalenzrate aufweist. Bei einer Schulbefragung in Köln und Frankfurt geben über 70% der Jungen und mehr als 50% der Mädchen an, schon einmal eine Straftat begangen zu haben. Der Altershöhepunkt bei der Kinder- und Jugenddelinquenz bewegt sich um das 14. Lebensjahr und nimmt danach wieder ab (vgl. Hoops 2009, S. 22). Aus der Forschung liegen deutliche Hinweise dazu vor, dass die Altersgruppe der 12- bis 14-Jährigen besondere Aufmerksamkeit verdient: In dieser Altersspanne nehmen Karrieren ihren Anfang, in dem entweder eine Spontanbewährung einsetzt, oder aber das delinquente Verhalten sich verfestigt (vgl. Hoops 2009, S. 37).

Wenn der Handlungsauftrag der Kinder- und Jugendhilfe darin besteht, auf ungünstige Sozialisationsverläufe hinzuweisen, Benachteiligungen zu vermeiden und junge Menschen zur Verantwortungsübernahem zu befähigen (§1 SGB VIII), dann liegen in der pädagogischen Bearbeitung von delinquenten Verhaltensweisen von Kindern nicht nur Handlungsnotwendigkeiten, sondern auch Ansatzpunkte, um kindliches Bewältigungshandeln zu unterstützen. Es gibt keinen nachvollziehbaren Grund für die Kinder- und Jugendhilfe erst das Strafmündigkeitsalter abzuwarten, um Reaktionen bzw. Sanktionen nachzudenken.

Hinzu kommt, dass Kinder die Stufen der moralischen Urteilsbildung nicht in den jeweiligen Altersstufen gleichermaßen durchlaufen. Viel mehr kommt die neuere Jugendforschung zu dem Ergebnis, dass sich Kindheit und Jugend in den jeweiligen Entwicklungsphasen weiter ausdifferenziert und von vielfältigen Ungleichzeitigkeiten geprägt werden. Insofern stellt das 14. Lebensjahr lediglich eine technische Marke dar, die zwischen Strafunmündigkeit und -mündigkeit den Übergang markiert, aber nichts über die tatsächliche moralische Urteilsfähigkeit des betreffenden Kindes aussagt.

Kinderdelinquenz zeigt in den Stadtteilen Ludwigshafens unterschiedlich starke Ausprägungen

Schwerpunkte im Bereich der Kinderdelinquenz lassen sich nicht nur aus einer differenzierteren Analyse der Altersstruktur, sondern auch des Wohnortes ablesen. Wie die nachfolgende Abbildung unschwer erkennen lässt, streut die Delinquenzbelastung der Kinder in den Ludwigshafener Stadtteilen erheblich. In den drei Stadtteilen Pfingstwiese, Mitte und Nord/Hemshof fällt etwa jedes 10. Kind im Alter zwischen 10 und 14 Jahren durch eine delinquente Handlung auf. Aber auch in Mundenheim, West und Süd liegen die Kinderdelinquenzquoten bei ca. 8% der 10- bis 14-Jährigen. Am unteren Ende befinden sich Maudach, Ruchheim und Rheingönheim mit Werten unter 4%.

Abbildung 16: Anteil der bei FIBS gemeldeten Kinder an allen Kindern zwischen 10 und unter 14 Jahren im Bezirk

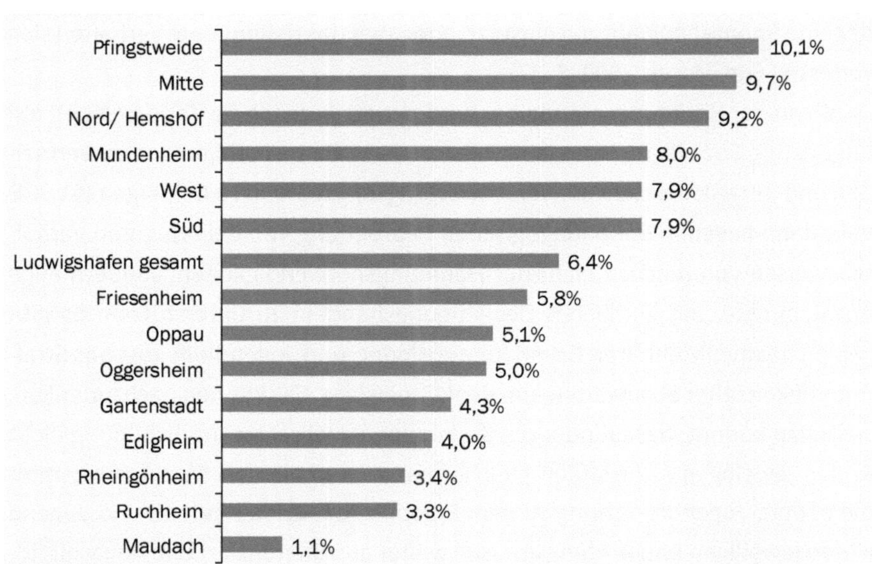

Womit diese großen Unterschiede erklärt werden können, ist nicht eindeutig zu beantworten. Das Aufkommen von Kinderdelinquenz hängt nicht unwesentlich mit den sozialräumlichen Lebensbedingungen zusammen. Kinder in benachteiligten Wohnquartieren, aus prekären familialen Verhältnissen und aus anregungsarmen Milieus weisen der Tendenz nach eine höhere Delinquenzgefährdung auf, als Kinder, die in stabilen, bildungsnahen und materiell gut situierten Milieus aufwachsen. Kinderdelinquenz ist allerdings kein reines Armutsphänomen. Deshalb reicht der Abgleich von Sozialstrukturdaten mit Kinderdeliquenzquoten als Erklärungsmodell für den Unterschied zwischen den Stadtteilen nicht aus, auch wenn eine solche Interpretation entlang der Ludwigshafener Daten nahe liegen würde.

Die vorliegende Studien zur Kinderdelinquenz weisen darauf hin, dass die Entstehung, das Ausmaß und der Verlauf von normabweichendem delinquenten Verhalten in einem multifaktoriellen Zusammenspiel von soziostrukturellen Rahmenbedingungen, den familialen Ressourcen und Beziehungen, dem Einfluss von peers sowie den institutionellen Reaktionsformen gesehen werden muss (vgl. Müller/Peter 1998). Insbesondere bei Kindern tritt delinquentes Verhalten vor allem in Gruppenzusammenhängen auf. Auch in Ludwigshafen wurden zwei Drittel aller Taten (66,2%) in der Gruppe bzw. zusammen mit anderen verübt. Neben der Familie ist demnach der Einfluss der Peers von zentraler Bedeutung, sowohl was die Entstehungskontexte von Delinquenz wie auch deren Bearbeitung angeht. Auch wenn es keine eindeutigen Erklärungen zu den unterschiedlichen Delinquenzbelastungen von Kindern in den Stadtteilen gibt, so verweisen die vorliegenden Daten jedoch auf sozialräumliche Ansatzpunkte für die Kinder- und Jugendhilfe.

Kinderdelinquenz ist Jungendelinquenz

Wie schon in den vorangegangenen Untersuchungen zum Haus des Jugendrechts aufgezeigt wurde, handelt es sich bei den delinquenten Kindern in der überwiegenden Anzahl um Jungen (81%) und nur zu einem geringen Anteil um Mädchen (19%). Die deutliche Überrepräsentanz von Jungen wird in allen vorliegenden Studien in einem ähnlichen Ausmaß bestätigt (vgl. Hoops 2009, Remschmidt/Walter 2009).

Abbildung 17: Verteilung nach Geschlecht (n=368)

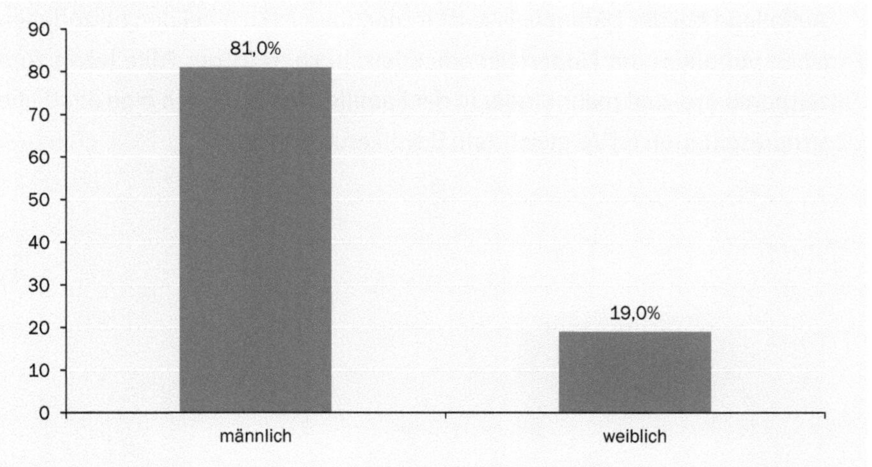

Kinderdelinquenz und der familiale Rahmen

Auch wenn öffentlich verantwortete Einrichtungen wie Kindertagesstätten und Schulen im Lebenslauf von Kindern eine immer bedeutsamere Rolle spielen, so ist die Familie nach wie vor der wichtigste Sozialisationsort. Lange Zeit wurde fast selbstverständlich auf die Bedeutung der Eltern-Kind-Beziehung und des elterlichen Erziehungsverhaltens bei der Entstehung und Bearbeitung kindlichen Delinquenzverhaltens hingewiesen (vgl. Remschmidt/Walter 2009) ohne das allerdings hinreichend empirische Belege dazu vorhanden waren. Vor allem die Untersuchungen des Deutschen Jugendinstituts im Rahmen des Projekts „Delinquenz von Kindern – eine neue Herausforderung für Familie, Jugendhilfe und Politik (1997-2000)“ haben hierzu wesentliche Befunde zutage gefördert (vgl. Hoops/Permien/Rieker 2001; Rieker 2004).

Vor diesem Hintergrund wurden auch im Rahmen der FIBS-Evaluation die familialen Rahmenbedingungen untersucht. Die Befunde zeigen ein spannendes Bild. Etwa 50% der tatverdächtigen Kinder leben bei ihren leiblichen Eltern. Weitere ca. 21% bei einem leiblichen Elternteil mit Partner und knapp 7% bei einem alleinerziehenden Elternteil. Etwa 2% der Kinder lebten zum Zeitpunkt der vermeintlichen Tat in einer Einrichtung der Jugendhilfe oder in einer Pflegefamilie.

Auffallend bei der Datenanalyse ist ferner, dass es sich bei den betroffenen Familien vor allem um kinderreiche handelt. In ca. 60% der Fälle leben zum Tatzeitpunkt drei und mehr Kinder in der Familie. Hier zeigt sich eine deutliche Überrepräsentation im Vergleich zum Bevölkerungsschnitt.

Abbildung 18: Wo lebte das Kind zum Zeitpunkt der „vorgeworfenen delinquenten Handlung"? (n=351)

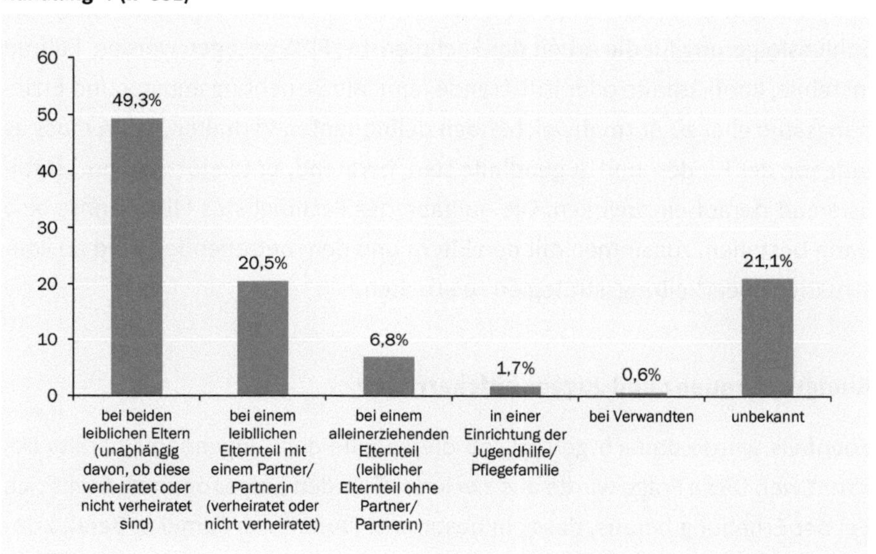

Obwohl Kinderdelinquenz eher ein universelles und entwicklungsbezogenes Phänomen darstellt, so verweisen die vorliegenden Daten darauf, dass die familialen Rahmenbedingungen eine bedeutsame Rolle spielen. Obwohl sich ein kontinuierlicher Wandel in den Familienstrukturen vollzieht, wachsen nach wie vor etwa 75% der Kinder und Jugendliche in der Kernfamilie, 5% in Lebensgemeinschaften und 20% bei Alleinerziehenden auf (vgl. BMFSFJ 2014, S. 147). Mit Blick auf die Ludwigshafener Daten zeigt sich, dass Kinder aus Kernfamilien und von Alleinerziehenden deutlich unterrepräsentiert und Lebensgemeinschaften deutlich überrepräsentiert sind. Dieser Befund ist irritierend, obwohl er sich mit anderen Forschungsergebnissen deckt, die aufzeigen, dass Lebensgemeinschaften/Patchworkfamilien mitunter die instabilsten und konfliktreichsten innerfamilialen Beziehungen aufweisen (vgl. KVJS 2013, S. 275ff). Die Ergebnisse des Deutschen Jugendinstituts zeigen, dass es zwischen der Delinquenzbelastung der Kinder, der psychosozialen Qualität des Familienlebens und familialen Bearbeitungsstrategien deutliche Zusammenhänge und Wechselwirkungen gibt (vgl. Hoops 2009, S. 31). Daraus kann eine erste vorsichtige Schlussfolgerung für die Arbeit des Fachdienstes FIBS gezogen werden. Führen instabile, konflikthafte oder irritierende familiale Beziehungsmuster und Erziehungsstile eher zu normabweichenden delinquenten Verhalten, dann muss es Aufgabe der Kinder- und Jugendhilfe sein, beratend, unterstützend und stabilisierend darauf einzuwirken. Die Aufgabe des Fachdienstes FIBS könnte also darin bestehen, zusammen mit den Eltern und dem betreffenden Kind an konstruktiven Bearbeitungsstrategien zu arbeiten.

Kinderdelinquenz und Jugendhilfekarrieren

Ebenfalls wurde danach gefragt, ob die Familie dem Jugendamt bereits bekannt war. Diese Frage wurde aus zweierlei Gründen aufgenommen. Stellt sich bei der Erhebung heraus, dass ein bestimmter Anteil von Familien bereits Unterstützungsleistungen der Kinder- und Jugendhilfe erhalten haben, so geben die Daten gleichzeitig Aufschluss über mögliche Unterstützungsbedarfe bei der Bearbeitung von Lebenslagen- und Beziehungsproblemen. Sind bereits andere Dienste der Kinder- und Jugendhilfe in den Familien tätig, so liegt hier ein Hinweis für den Fachdienst FIBS vor, eine Schnittstellen- und Zuständigkeitsklärung vornehmen zu müssen. Auch hier verweisen die Ergebnisse auf einen interessanten Befund. In über der Hälfte der Fälle (59,9%) war das Kind oder die Familie dem Jugendamt noch nicht bekannt. In fast jedem Dritten Fall wurde die Familie bereits durch den regionalen Familiendienst betreut und in ca. 5% der Fälle hatte die Schulsozialarbeit bereits Kontakt zum Kind. In fast jedem sechsten Fall lagen beim Fachdienst FIBS bereits Informationen zumeist bzgl. weiterer delinquenter Handlungen vor.

Abbildung 19: Bekanntheit der Familie bei ausgewählten Diensten im Jugendamt (ein Fall = ein Kind, n=382)

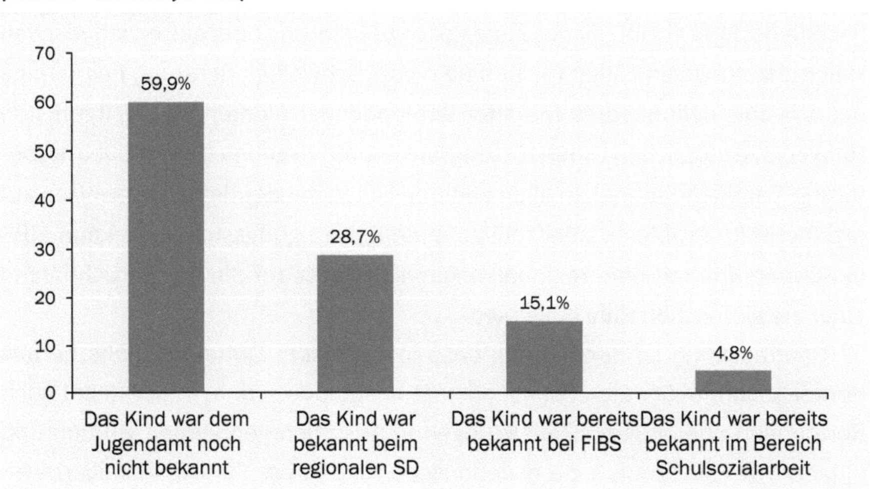

In fast 15% der Fälle erhält die Familie zum Zeitpunkt der Erfassung der delinquenten Handlungen des Kindes bereits eine erzieherische Hilfe (§§ 27ff. SGB VIII).

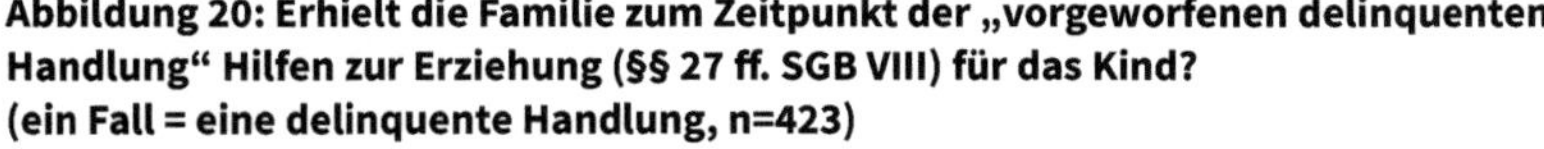

Abbildung 20: Erhielt die Familie zum Zeitpunkt der „vorgeworfenen delinquenten Handlung" Hilfen zur Erziehung (§§ 27 ff. SGB VIII) für das Kind? (ein Fall = eine delinquente Handlung, n=423)

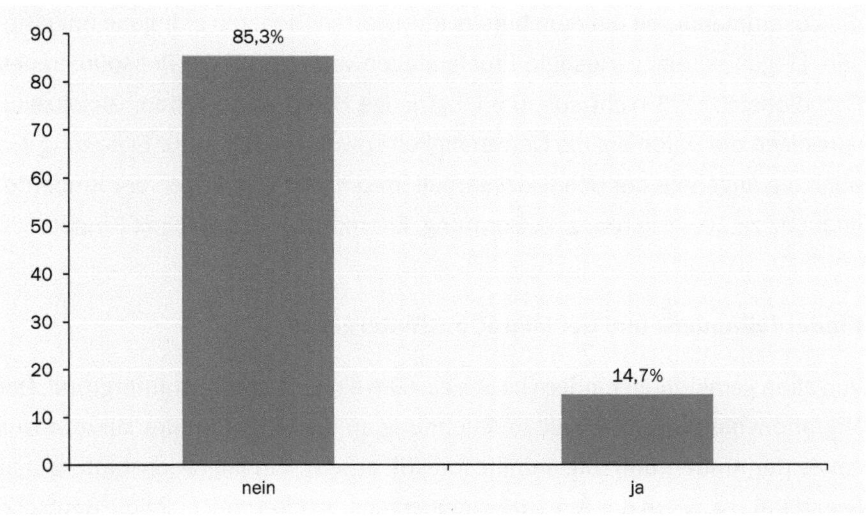

In den Fällen, bei denen noch kein Kontakt zum Jugendamt bestand, stellt der Fachdienst FIBS ein mögliches Zugangstor zu Beratung oder ggf. erzieherischen Hilfen dar. In vielen Fällen reicht eine niedrigschwellige Beratung der Familie aus, um über delinquentes Verhalten der Kinder aufzuklären bzw. weitgehende Hinweise zu möglichen Unterstützungsstrukturen zu geben (z. B. Erziehungsberatung, Familienbildung). In allen anderen Fällen mit deutlichen Hinweisen auf erzieherische Probleme oder fehllaufende Bewältigungsstrategien kann FIBS in Kooperation mit dem regionalen Familiendienst auf die Inanspruchnahme einer erzieherischen Hilfe hinwirken.

Überraschend ist der Befund, dass in ca. einem Drittel der Fälle bereits Kontakte zum regionalen Familiendienst bestanden – d. h. in der Regel auch Beratungen oder Jugendhilfeleistungen in Anspruch genommen wurden und in jedem 7. Fall bereits eine erzieherische Hilfe in der Familie installiert war. In diesen Fällen ist davon auszugehen, dass sowohl familiale bzw. erzieherische Probleme wie mangelnde Beziehungs- oder Erziehungskompetenzen mit dem normabweichenden Verhalten des Kindes in Verbindung stehen. Aber auch diese Daten verweisen auf keine Ludwigshafener Besonderheit, sondern decken sich mit Ergebnissen zahlreicher Aktenuntersuchungen (vgl. Remschmidt/Walter 2009, S. 19). In diesen Fällen ist der Fachdienst FIBS auf die Zusammenarbeit mit dem bereits involvierten Diensten zwingend angewiesen. Liegen bereits verfestigte Problemlagen vor, reichen die Ressourcen des Fachdienstes FIBS nicht aus, um langfristige Hilfen zu gestalten. Gleichzeitig verweisen die Daten auf die Notwendigkeit sowohl die Hilfen zur Erziehung wie auch die Angebote der Schulsozialarbeit im Umgang mit Fragen der Kinderdelinquenz zu qualifizieren (z. B. Beratung, Elternarbeit, Projekte mit Kindern).

Kinderdelinquenz und der Migrationshintergrund

Von allen gemeldeten Kindern haben ca. 60% einen Migrationshintergrund. Der Migrationshintergrund wurde in Anlehnung an die Definition des Mikrozensus sowie der Kinder- und Jugendhilfestatistik erfasst. Ein Migrationshintergrund liegt dann vor, wenn das Kind bzw. mindestens ein Elternteil nicht die deutsche

Staatsbürgerschaft hat. Als Migrationshintergrund gilt auch, wenn das Kind bzw. mindestens ein Elternteil nach Deutschland zugewandert ist, durch Einbürgerung aber die deutsche Staatsbürgerschaft vorliegt.

Abbildung 21: Migrationshintergrund des Kindes (n=364)

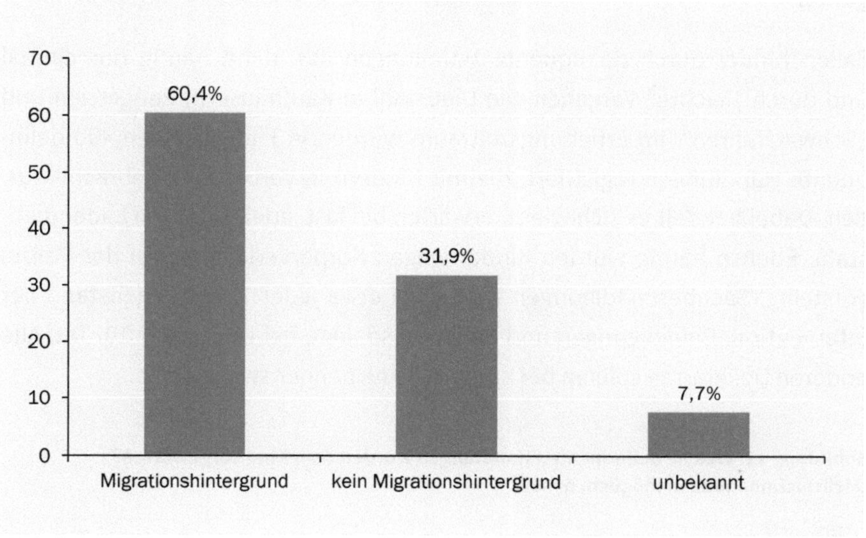

Die Daten zeigen, dass Kinder mit Migrationshintergrund eine sehr relevante Zielgruppe für den Fachdienst FIBS darstellen. Der Anteil delinquenter Kinder mit Migrationshintergrund liegt aber nur wenig über ihrem Bevölkerungsanteil. Ludwigshafener Kinder mit Migrationshintergrund sind nicht delinquenter als Kinder ohne Migrationshintergrund. Der „Migrationshintergrund" ist – wie bereits erwähnt – weder ein soziologisch eindeutiger Indikator zur Beschreibung einer Personengruppe, noch erklärt dieses Merkmal das Ausmaß von Delinquenz (vgl. Hamburger 2009).

5.2 Zu den vorgeworfenen delinquenten Handlungen der strafunmündigen Kinder

Kinderdelinquenz umfasst im Wesentlichen „leichte" und einmalige Vergehen

Fallen Kinder durch delinquente Handlungen auf, dann häufig nur einmal und durch „leichte" Vergehen wie Diebstahl in Kaufhäusern, Rangeleien und „Schwarzfahren". Im Erhebungszeitraum wurden in Ludwigshafen 490 delinquente Handlungen registriert, die mit Kindern in Verbindung gebracht wurden. Dabei handelt es sich wie zu erwarten bei fast jeder 4. Tat um Ladendiebstahl. Ebenso häufig wurden Kinder wegen Körperverletzung bei der Polizei vorstellig. Sachbeschädigungen waren bei etwa jeder 7. Tat Gegenstand der Intervention. Beleidigungen und Eigentumsdelikte bei etwa jeder 10. Tat. Alle anderen Deliktarten spielen bei Kindern keine nennenswerte Rolle.

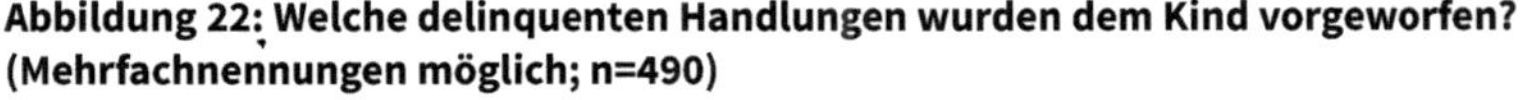
Abbildung 22: Welche delinquenten Handlungen wurden dem Kind vorgeworfen? (Mehrfachnennungen möglich; n=490)

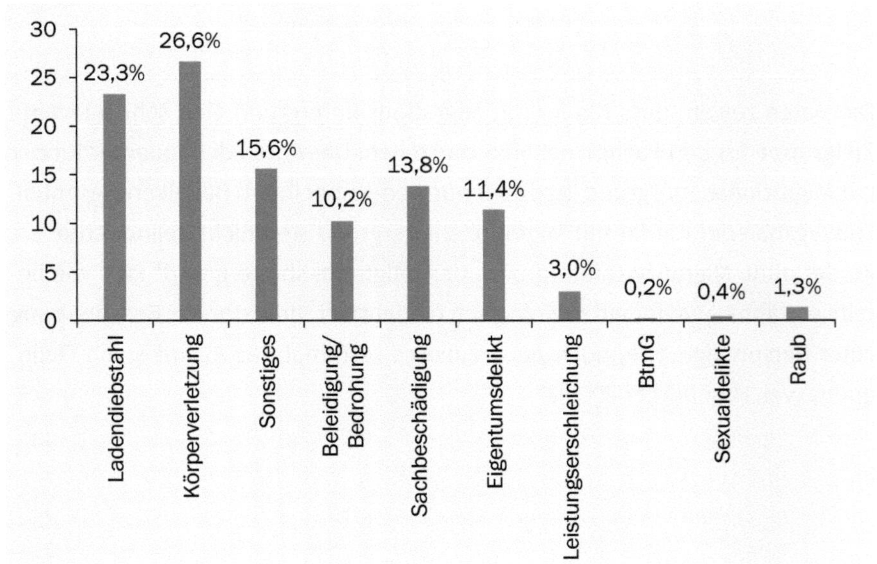

In etwa 70% der Fälle wurde dem Kind auch nur eine delinquente Handlung zur Last gelegt. Das Kind war der Polizei in diesen Fällen nicht bekannt. Das bedeutet gleichzeitig, dass in jedem vierten Fall zwei und mehr delinquente Handlungen Gegenstand der Intervention waren bzw. das Kind der Polizei bereits bekannt war.

Abbildung 23: Anzahl der „vorgeworfenen delinquenten Handlungen" in 2011 (n=380)

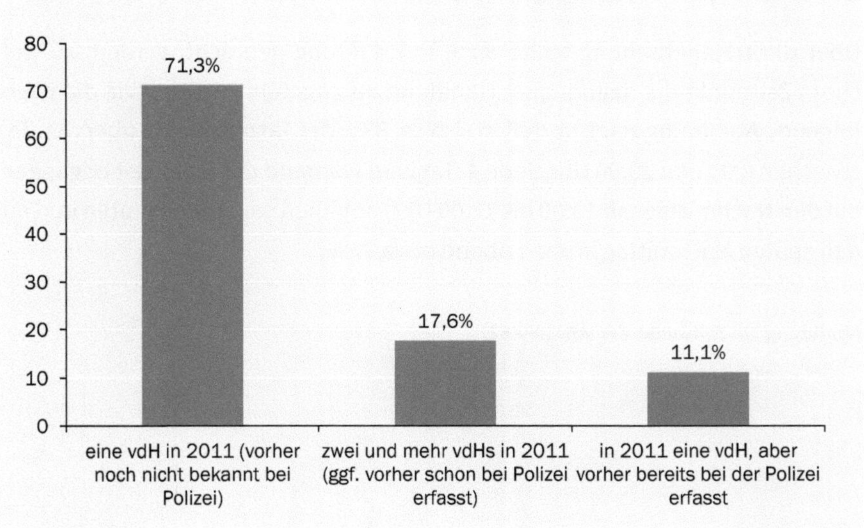

Kinderdelinquenz ist nicht das Einfalltor für Kriminalitätskarrieren. Für den Zusammenhang zwischen Kinderdelinquenz und Kriminalität im Erwachsenalter fehlen wissenschaftliche Nachweise. Untersuchungen konnten allerdings aufzeigen, dass sich bei mehrfach auffälligen Kindern und solchen, die auch im Jugendalter eine Straftat begangen, die Wahrscheinlichkeit einer Kriminalitätskarriere deutlich erhöht.

Die vorliegenden Befunde für Ludwigshafen geben also deutliche Hinweise darauf, bei einer zahlenmäßig sehr relevanten Gruppe von mehrfach auffälligen Kindern gezielte pädagogische Interventionsstrategien zu entwickeln, um die Verfestigung von delinquenten Handlungen zu verhindern. Dafür spricht auch, dass nach Einschätzung des Fachdienstes FIBS in ca. 9% der Fälle eine Verfestigung des delinquenten Verhaltens deutlich zu erkennen ist. In 25% der Fälle ist eine weitere Gefährdung nicht auszuschließen. Die Daten belegen damit, dass für ein Drittel aller betroffenen Kinder gezielt Präventionsstrategien ausgearbeitet werden können.

Kinderdelinquenz findet tagsüber und in den sozialen Nahräumen statt

Über die Datenerhebung sollte auch in Erfahrung gebracht werden, zu welchem Zeitpunkt die delinquente Handlung durchgeführt wurde. Wie die nachfolgende Abbildung zeigt, verteilen sich ca. 93% der Tatzeitpunkte über den Tag zwischen 8:00 und 20:00 Uhr. Jede 4. Tat wird während der Schulzeit begangen, auf den Nachmittag (ab 13:00 bis 17:00 Uhr) entfallen ca. 45% der Taten und auf den späten Nachmittag/frühen Abend etwa 22%.

Abbildung 24: Zeitpunkt der vdH (n=482)

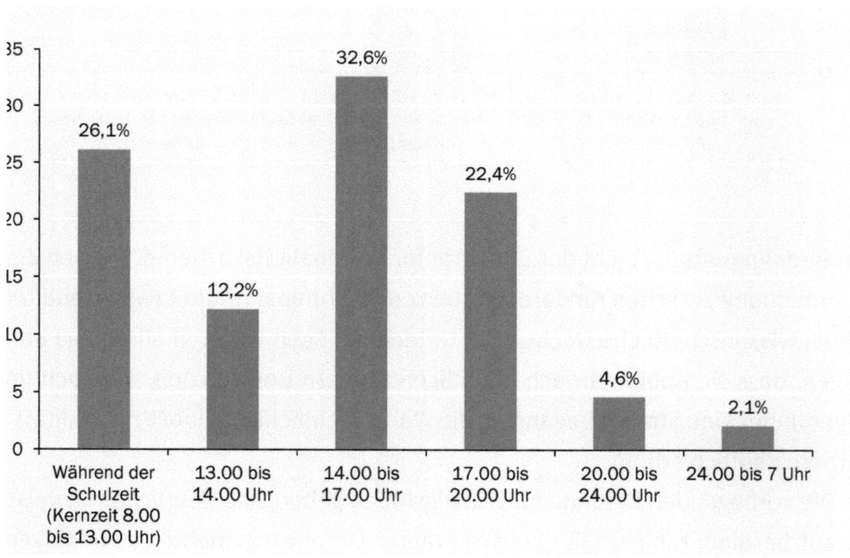

Diese Verteilung verwundert nicht, da die Zeitangabe (8:00-13:00 Uhr) – während der Schulzeit, auch den Schulweg, die Pausen und Freistunden umfasst und hier Freiräume für normabweichende Verhaltensweisen vorhanden sind. Der Schwerpunkt im Nachmittagsbereich und dem frühen Abend ist ebenfalls erklärbar, da hier „echte" Freiräume für Kinder vorhanden sind, die auch für das Austesten von Normen genutzt werden können.

Erfasst wurde ebenfalls wo die delinquente Handlung erfolgte. Wie auch bei der Frage nach der Tatzeit sollten die gewonnenen Informationen ggf. für Konzeptentwicklungen genutzt werden, so sich aus den Daten Ansatzpunkte ableiten lassen.

Etwa jede 4. Tat wird in einem Kaufhaus begangen

Schulweg und Schule stellen zusammengenommen einen weiteren Schwerpunkt dar (29,2%). In etwa 16% der Fälle wurde die delinquente Handlung im Wohngebiet der Kinder, also im näheren Sozialraum begangen. Zu den sozialen Nahräumen zählen auch öffentliche Plätze (9,3%) und Spielplätze/Spielanlagen (9,3%). Da Kinder noch einen eingeschränkteren Bewegungsradius haben, spielen sich die normabweichenden Handlungen in der Regel auch in den sozialen Nahräumen der Kinder bzw. der Schule ab.

Abbildung 25: Wo fand die vdH statt? (n=432)

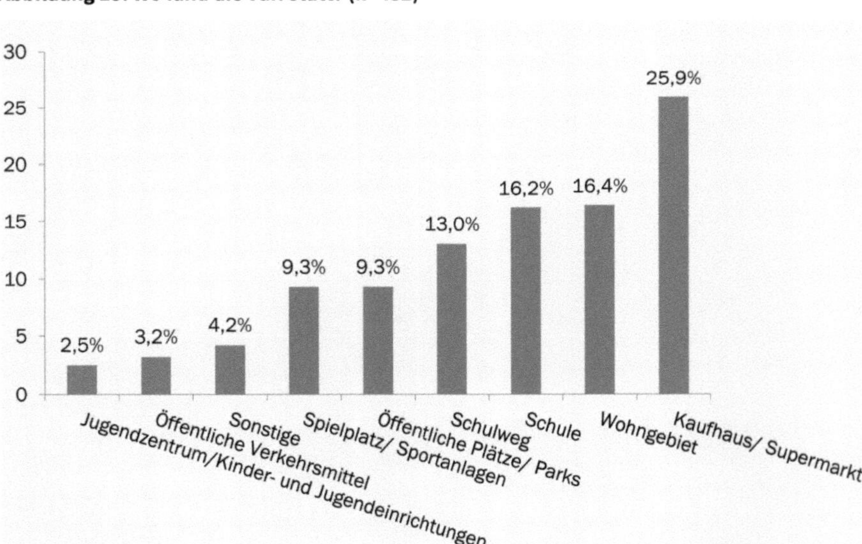

Überdurchschnittlich viele delinquente Handlungen von Kindern in den einzelnen Stadtteilen verweisen auch auf bestimmte Gelegenheitsstrukturen. Ladendiebstähle können nur dort begangen werden, wo auch Läden sind oder Orte, wo sich Kinder regelhaft aufhalten. Hierfür ist der Bezirk Mitte prädestiniert. Aber auch in Oggersheim, Süd und Mundenheim werden häufig delinquente Handlungen von Kindern registriert.

Abbildung 26: Verteilung der vdH auf die Bezirke (n=453)

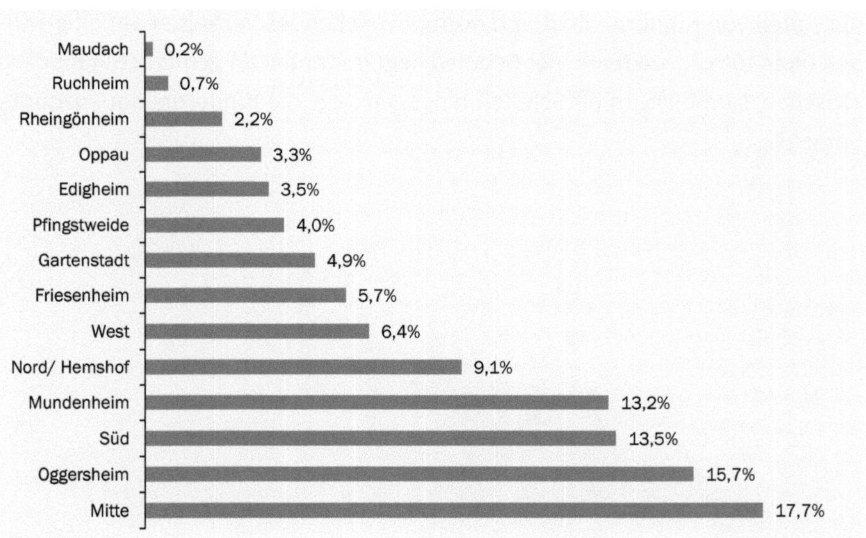

Die Ausprägung von Kinderdelinquenz zeigt zwischen den Schulen große Unterschiede

Die Unterschiede bei der Ausprägung von Kinderdelinquenz sind bei den Schulen fast noch deutlicher als bei den Stadtteilen. Die erfassten Kinder konnten im Rahmen der Erhebung auch den Schulen zugeordnet werden. Die nachfolgende Abbildung zeigt den Anteil der bei der Fachstelle FIBS gemeldeten Kinder an allen Schülerinnen und Schüler der Klassen 4 bis 7. An zwei Schulen beträgt der Anteil von Kindern, die durch normabweichendes Verhalten auffällig wurden über 10%. In weiteren vier Schulen liegt der Anteil an gemeldeten Kindern zwischen 7 und 9%. In elf Schulen hingegen liegt die Kinderdelinquenzquote unter 2%.

Abbildung 27: Anteil der Kinder, die bei FIBS gemeldet werden, an den Schülern zwischen 4. und 7. Klasse an den Ludwigshafener Schulen

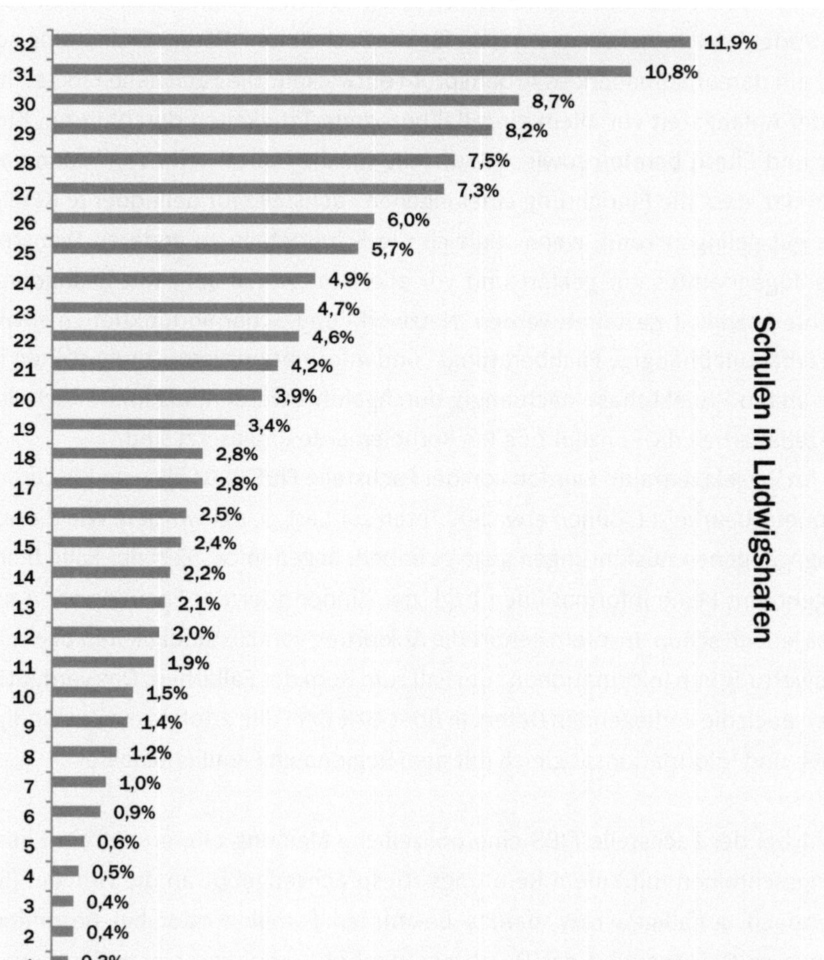

Diese Befunde eigenen sich vor allem für die Konzeptentwicklung und die Ausgestaltung der Schnittstelle zur Schulsozialarbeit. Vor allem an den Schulen, wo delinquentes Verhalten von Kindern keine Einzelerscheinung darstellt, ließen sich Angebote in Kooperation mit Lehrern und Lehrerinnen regelhaft installieren, die die Entwicklung des moralischen Bewusstseins fördern.

5.3 Tätigkeiten und Arbeitsabläufe von FIBS

Im Vorfeld der Projektphase wurde für die Fachstelle FIBS ein Zielkatalog sowie ein darauf aufbauendes Arbeitsprofil entwickelt. Die Fachstelle FIBS sollte in der Anfangszeit vor allem einzelfallbezogene Tätigkeiten durchführen, Kinder und Eltern beraten sowie Anlaufstelle für die Polizei sein. Von Anfang an war klar, dass die Einrichtung einer eigenen Fachstelle für delinquente Kinder nur gut gelingen kann, wenn zugleich die Schnittstelle zu anderen Diensten des Jugendamtes gut geklärt und vor allem im ersten Jahr mit besonderer Aufmerksamkeit gestaltet werden. Netzwerk- und Scharnierfunktionen sowie einzelfallunabhängige Fachberatungs- und Informationsvermittlung sollten in der ersten Projektphase nachrangig durchgeführt werden, bis im Bereich der Einzelfallarbeit die konzeptionellen Kernelemente umgesetzt sind.

Im Projektzeitraum wurden von der Fachstelle FIBS 390 Fälle von Kinderdelinquenz bearbeitet, denen etwa 500 Taten zur Last gelegt wurden. Wie die vorangegangenen Ausführungen gezeigt haben, liegen in ca. 52% der Fälle beim Jugendamt keine Informationen bzgl. der Kinder oder der Familie vor, in ca. 40% jedoch schon. Insofern gehört die Abklärung von Zuständigkeiten bzw. die Auswertung von Informationen zum Fall zum Kern der Fallarbeit. Das verdeutlichen auch die vorliegenden Daten. In über 40% der Fälle erfolgte ein Zuständigkeits- und Informationsabgleich mit dem Regionalen Familiendienst.

Geht bei der Fachstelle FIBS eine polizeiliche Meldung ein, erfolgt ein Einladungsschreiben mit einem Beratungs-/Gesprächsangebot an die Familie. Bei mehrfach auffälligen bzw. bereits bekannten Familien oder bei besonders schweren Delikten wird das Beratungsangebot bereits mit einem Terminvorschlag versehen (59,7%).

Abbildung 29: Form der ersten Kontaktaufnahme von FIBS mit der betroffenen Familie (n=452)

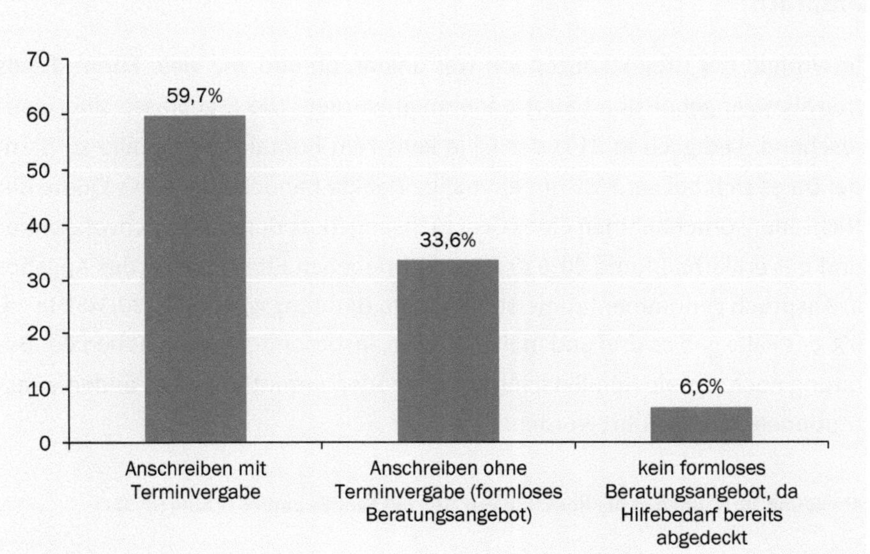

Rund 80% der angeschriebenen Eltern nehmen das Beratungsangebot in Anspruch

Im Vorfeld der Projektkonzeption war unklar, ob und wie viele Eltern dieses freiwillige Angebot überhaupt annehmen würden. Die Ergebnisse sind überraschend. Lediglich in 21% der Fälle kam kein Kontakt zur Familie zu Stande. Da es sich bei ca. 70% um einmalige Delikte handelte, ist diese Quote der Nicht-Inanspruchnahmen eines Gesprächsangebots durchaus nachvollziehbar und gut erklärbar. Rund 80% der angeschriebenen Eltern haben das Angebot in Anspruch genommen, zumeist mit einem Beratungsgespräch (70,3%). In ca. 9% der Fälle gab es drei und mehr Termine, insbesondere wenn neben der Beratung noch soziale Konfliktschlichtungen oder Vermittlungen zu anderen Institutionen durchgeführt wurden.

Abbildung 30: Häufigkeit der Kontakte von FIBS mit Familie und/oder Kind (n=357)

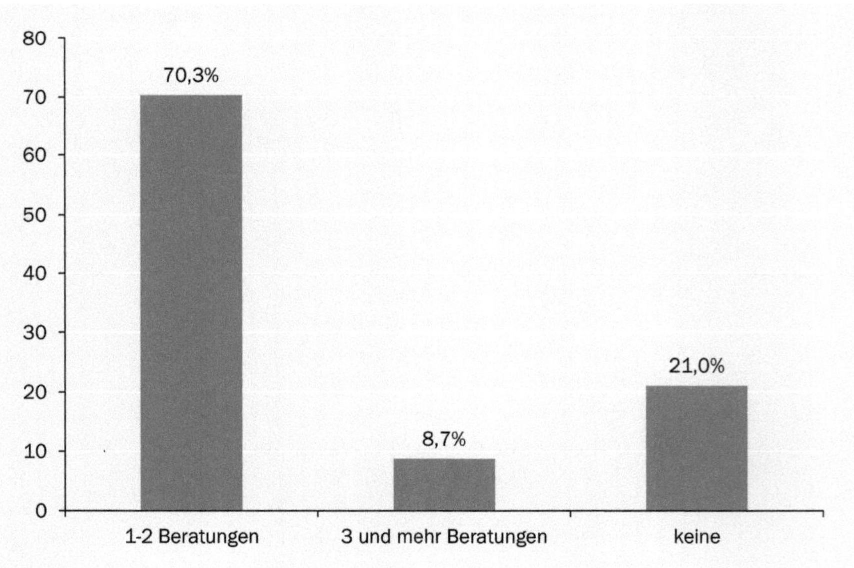

In etwa der Hälfte der Fälle wurden über das Beratungsgespräch hinaus noch weitere Maßnahmen durchgeführt. Ein Informationsabgleich mit dem regionalen Familiendienst fand in ca. 41% dieser Fälle statt. In weiteren ca. 28% der Fälle wurde durch den Fachdienst eine soziale Konfliktschlichtung durchgeführt. In jedem 10. Fall wurde ein Gespräch mit der Schule anberaumt. In ebenfalls rund 10% der Fälle wurden in unterschiedlichen Konstellationen Fallberatungen durchgeführt (z. B. Helferkonferenz, Regionale Fachkonferenz, Fallberatung FIBS).

Abbildung 31: Welche weiteren Maßnahmen wurden durch FIBS selbst ergriffen? (n=161)

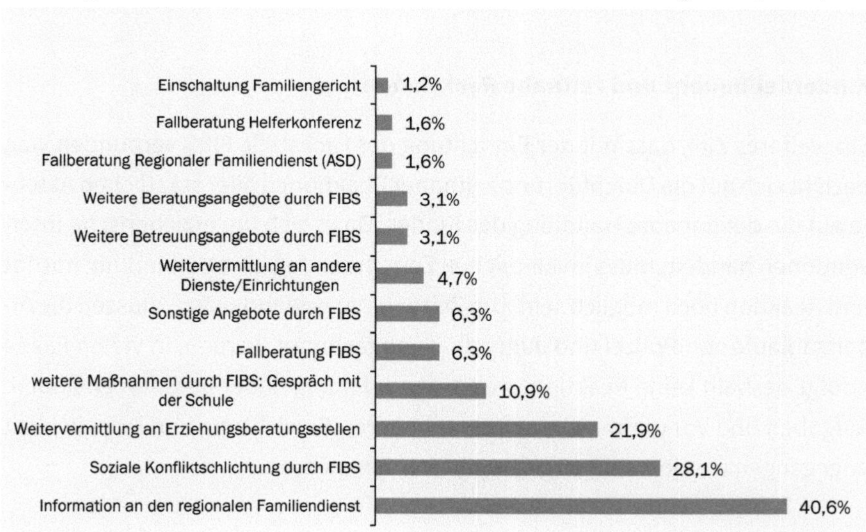

Die Beratungsgespräche fanden überwiegend (70%) im Haus des Jugendrechts statt. In jedem 7. Fall wurden aber auch Hausbesuche durchgeführt. Darüber hinaus wurde auch die Möglichkeit wahrgenommen z. B. im Rahmen der sozialen Konfliktschlichtung die Beratung an einem neutralen Ort durchzuführen. Eine Reihe von Beratungsgesprächen fand in Schulen statt.

Die Daten illustrieren sehr anschaulich das einzelfallbezogene Profil der Fachstelle FIBS. Als Anlauf- und Beratungsstelle, als Vermittlungsinstanz und Scharnierstelle sowie als Fachberatungsdienst hat sich dieser Fachdienst an der Schnittstelle von Regionalem Familiendienst, Jugendhilfe in Strafverfahren und Polizei gut in die Strukturen eingeführt.

Kinderdelinquenz und zeitnahe Reaktionen

Ein weiteres Ziel, dass mit der Einrichtung der Fachstelle FIBS verbunden war, bezieht sich auf die Durchführung zeitnaher Reaktionen aller staatlichen Akteure auf die delinquente Handlung des Kindes. Da es sich um erzieherische Interventionen handelt, muss im kindlichen Zeitempfinden eine Verbindung mit Tat und Reaktion noch möglich sein. Um Zeitnähe zu gewährleisten, müssen die Arbeitsabläufe von Polizei und Jugendhilfe abgestimmt werden. In vielen Fällen erfolgt deshalb keine Reaktion, weil aufgrund mangelnder Ressourcen andere Aufgaben und Vorkommnisse mit einer höheren Gewichtung und Dringlichkeit angegangen werden oder angegangen werden müssen.

In jedem 10. Fall konnte schon innerhalb einer Woche ein Beratungsgespräch durchgeführt werden

Geht beim Fachdienst FIBS eine Meldung ein, erfolgt in jedem 10. Fall schon innerhalb der ersten Woche eine Beratung, in ca. 41% der Fälle kann es bis zu vier Wochen und in 34% der Fälle bis zu acht Wochen dauern.

Abbildung 32: Dauer einer Beratung und Intervention durch FIBS (n=377)

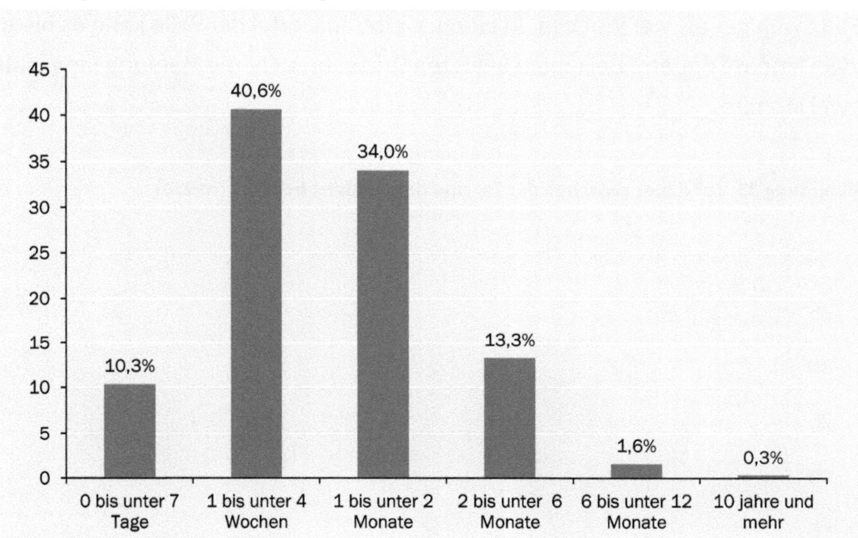

Von der Tat bis zur Meldung beim Fachdienst FIBS vergehen in einem Drittel der Fälle weniger als vier Wochen. In einem weiteren Viertel der Fälle kann es bis zu zwei Monate dauern. Bei einem weiteren Drittel braucht die Meldung länger als zwei Monate.

Abbildung 33: Zeitdauer zwischen der Tat und der Meldung bei FIBS (n=450)

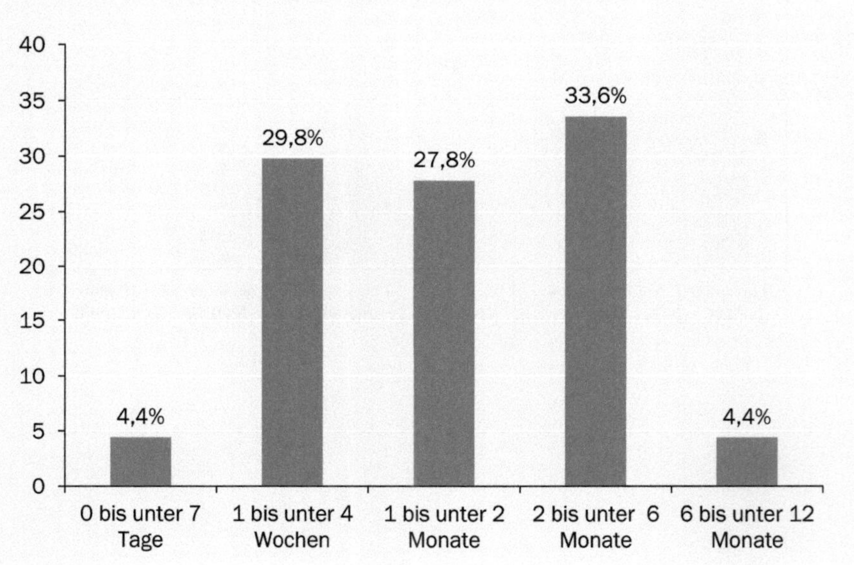

Diese längeren Verfahrensdauern kommen auch dadurch zustande, dass nicht jede Tat unmittelbar zur Anzeige gebracht wird und nicht jede Ermittlung innerhalb weniger Tage abgeschlossen werden kann, insbesondere nicht, wenn es sich um mehrere Delikte handelt, die in Gruppen begangen werden. Hier zeigen sich Grenzen der Beschleunigung von Ermittlungen und der Gestaltung von Verfahrensabläufen.

Abbildung 34: Zeit zwischen der Tat und der Beendigung des Falls durch FIBS in Monaten (n=389)

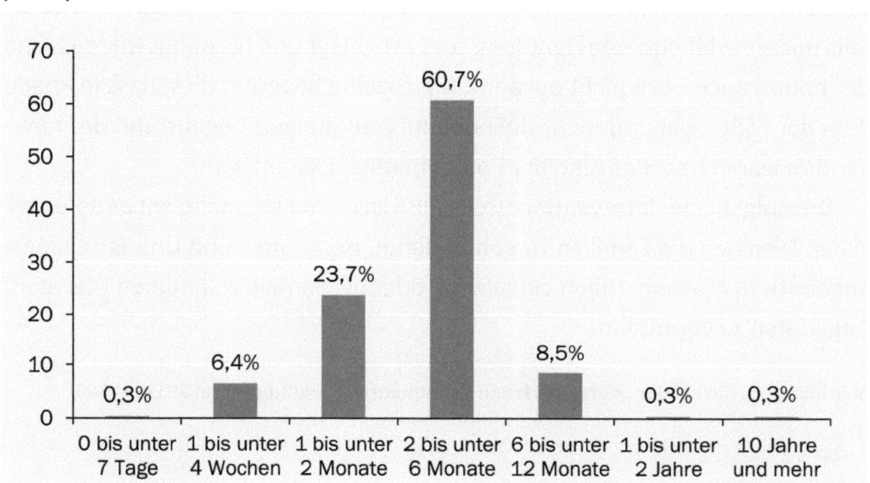

Jeder 4. Fall wird in bis zu zwei Monaten zwischen der Tat und der Beratung durch den Fachdienst abgeschlossen. Die Mehrzahl der Fälle wird binnen sechs Monaten beendet.

5.4 Kinder, die mehrfach durch delinquentes Verhalten auffielen

In der Diskussion über delinquentes Verhalten von Kindern und Jugendlichen gerät der Fokus häufig auf eine kleine Gruppe junger Menschen, die bereits in sehr jungen Jahren durch mehrfache delinquente Handlungen auffällig werden.

Bereits die Erhebung im ersten Projektzeitraum (2005 bis 2007) ergab, dass über drei Viertel der Strafunmündigen während des Erhebungszeitraums nur durch eine delinquente Handlung auffielen (77,4%). Weitere 22% fielen jedoch mit zwei bis neun „Taten" auf und eine geringe Anzahl an Kindern ist mit zehn oder mehr Taten auffällig geworden (0,7%).

Dieses Ergebnis konnte durch die vorliegenden Daten bestätigt werden: In ca. 71% der Fälle wurde dem Kind im Erhebungszeitraum von 15 Monaten ebenfalls nur eine delinquente Handlung zur Last gelegt und bis dahin war das Kind der Polizei auch noch nicht bekannt. Gleichzeitig bedeutet dies, dass in knapp 29% der Fälle zwei und mehr delinquente Handlungen Gegenstand der Intervention waren bzw. das Kind der Polizei bereits bekannt war.

Die Aufgabe der Interventionsstelle FIBS ist es, in Absprache mit anderen sozialen Diensten die Familien zu kontaktieren, Beratungs- und Unterstützungsangebote zu machen, Hilfen einzuleiten oder die Familie zu anderen Diensten/ Angeboten zu vermitteln.

Abbildung 35: Anzahl der „vorgeworfenen delinquenten Handlungen" in 2011 (n=380)

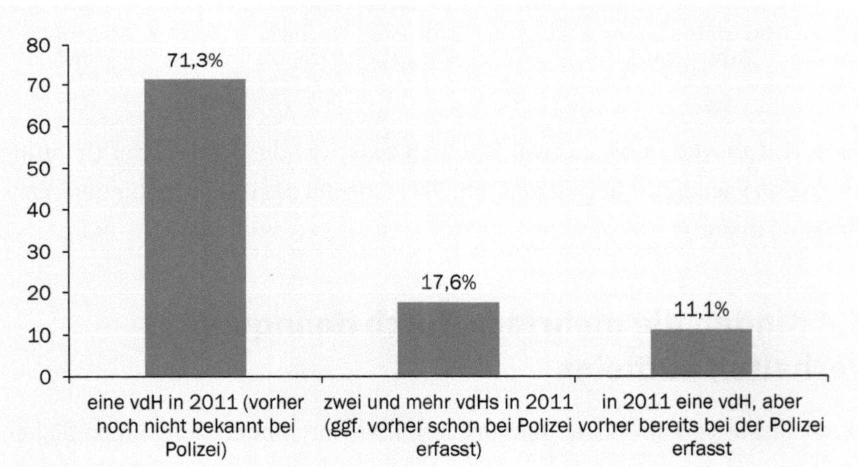

Bezogen auf die Anzahl der verübten delinquenten Handlungen lässt sich zusammenfassen, dass nur wenige Kinder durch drei und mehr delinquente Handlungen (vor bzw. im Erhebungszeitraum) aufgefallen sind. In über 10% der Fälle lassen sich den Kindern zwei delinquente Handlungen zuordnen. In vielen Fällen – so die Erfahrung der Fachkräfte – finden die delinquenten Handlungen einzelner Kinder nicht über das Kalenderjahr verteilt statt, sondern oftmals in einem engen Zeitraum (bestimmte Lebensphase) und dann gewissermaßen auch als „Wiederholungstat“.

Abbildung 36: Anzahl der verübten delinquenten Handlungen vor und in 2011 (n=365)

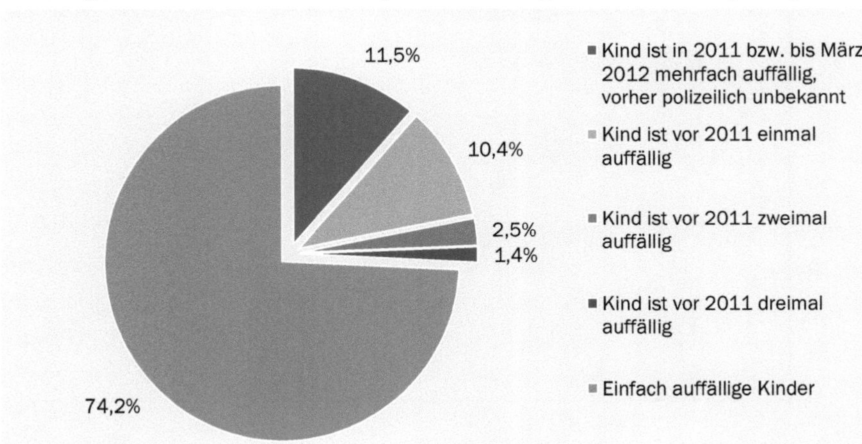

Bezogen auf das Geschlecht der Kinder lassen sich keine großen Unterschiede zwischen einfach- und mehrfachauffälligen Kindern feststellen, auch wenn es wenig überraschend ist, dass auch im Kindesalter tendenziell eher Jungen mehrfach auffällig werden. Mädchen fallen weniger durch extrovertiertes Verhalten auf. Die Verarbeitung von Entwicklungskrisen und Probierverhalten findet hier eher verdeckt im sozialen Nahraum statt.

Abbildung 37: Geschlecht der einfach und mehrfach auffällig gewordenen Kinder im Vergleich (n=368)

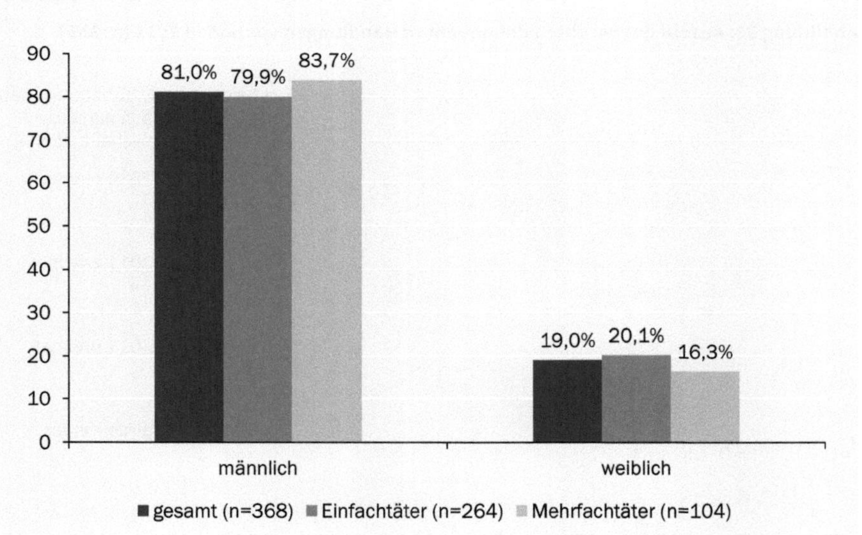

Vergleicht man einfach und mehrfach auffällige Kinder hinsichtlich des Migrationshintergrunds zeigen sich auch hier nur geringe Unterschiede. Insgesamt hatten von 363 erfassten Kindern ca. 60% einen Migrationshintergrund. Bei der Gruppe der Mehrfachauffälligen waren es knapp 64%, bei der Gruppe der Einfachauffälligen dementsprechend rund 59%. Deutlich wird hier, dass junge Menschen mit Migrationshintergrund unwesentlich öfter durch mehrere Taten auffallen als Kinder ohne Migrationshintergrund, allerdings handelt sich insgesamt gesehen um eine nicht zu vernachlässigende Gruppe.

Abbildung 38: Migrationshintergrund der einfach und mehrfach auffällig gewordenen Kinder im Vergleich (n=364)

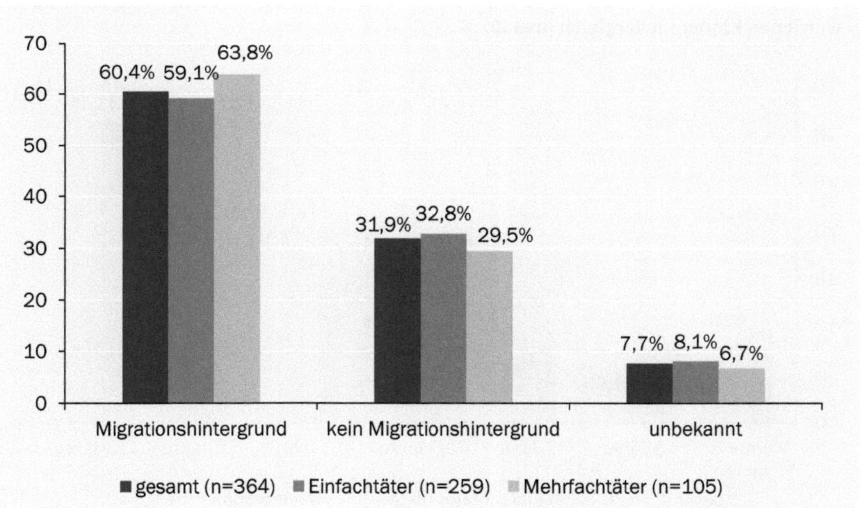

Der Blick auf die Verteilung der Altersgruppen birgt wenig überraschende Ergebnisse: Insbesondere bei den „älteren" Altersgruppen (11 bis 13 Jahre) ist der Anteil der Kinder, die durch mehrere Taten auffallen, höher. Auch wenn dies nicht als prognostischer Faktor für die weitere Entwicklung herangezogen werden kann, sind dies deutliche Hinweise darauf, dass die Altersgrenze der 12- bis 14-Jährigen besondere Aufmerksamkeit verdient: In dieser Altersspanne können Verläufe ihren Anfang nehmen, in dem entweder eine Spontanbewährung einsetzt, oder aber das delinquente Verhalten sich verfestigt (vgl. Hoops 2009, S. 37).

Abbildung 39: Alter des Kindes zum Zeitpunkt der vdH bei einfach und mehrfach auffällig gewordenen Kinder im Vergleich (n=369)

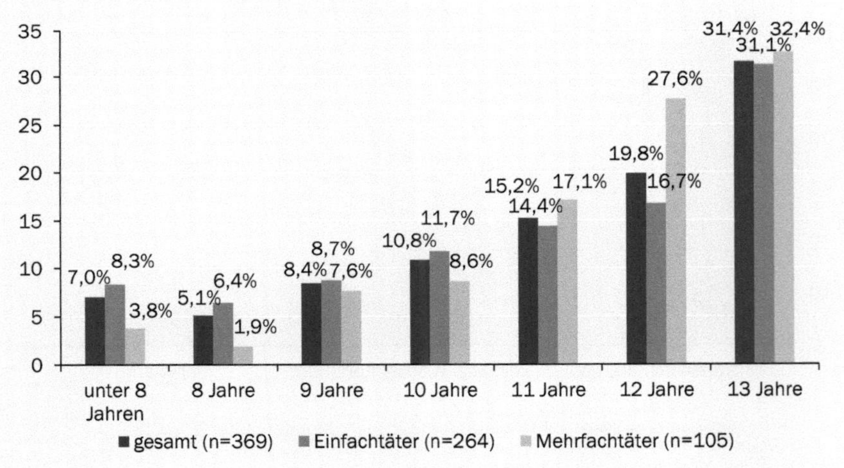

Hinsichtlich des Zeitpunktes der vdH zeigen sich keine Diskrepanzen zwischen den beiden Vergleichsgruppen (Einfachauffällige und Mehrfachaffällige) in Relation zur Grundgesamtheit (ohne Abbildung). Der Ort der vorgeworfenen delinquenten Handlung ist seltener die Schule selbst (11,3% im Vergleich zu 17,1%), jedoch finden die „Taten“ häufiger auf dem Schulweg (16,3% im Vergleich zu 12,5%) statt. Etwas häufiger als im Durchschnitt finden sich die Taten jedoch auf öffentlichen Plätzen/in Parks (11,3%), in Kaufhäusern/Supermärkten (26,8%) und im jeweiligen Wohngebiet (20,6%). Seltener betroffen sind Spielplätze/öffentliche Parkanlagen, das Jugendzentrum oder Kinder- und Jugendhilfeeinrichtungen.

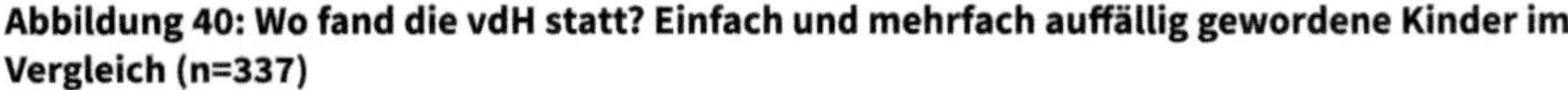

Abbildung 40: Wo fand die vdH statt? Einfach und mehrfach auffällig gewordene Kinder im Vergleich (n=337)

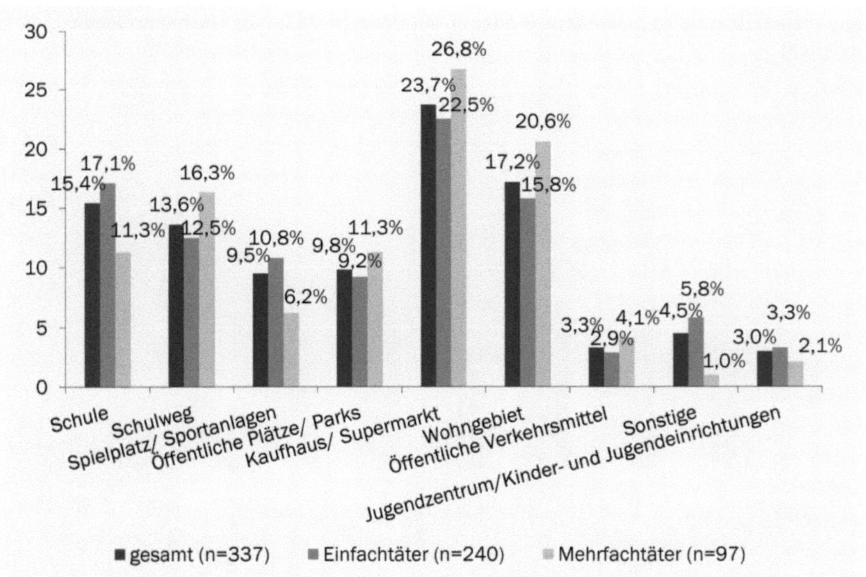

Fallen Kinder mehrfach polizeilich auf, sind dies keinesfalls nur „schwere" Taten, sondern es finden sich auch hier vermehrt kinder- und jugendtypische Verhaltensweisen: Insbesondere „Schwarzfahren" (Leistungserschleichung in 4,9% der Fälle) und Ladendiebstähle (20,9%) sind hier vertreten. Seltener als im Durchschnitt finden sich Körperverletzung (20,6%) und Sachbeschädigung (10,8%). Umgekehrt fallen die Kinder vermehrt durch Beleidigung und Bedrohung (15,7%) und durch Eigentumsdelikte (14,7%) auf. Sexualdelikte und Raub sind auch hier die Ausnahme.

In über zwei Drittel aller Fälle wurde die vorgeworfene delinquente Handlung nicht alleine, sondern mit anderen zusammen verübt (ohne Abbildung). Bei der Gruppe der Einfachtäter waren es mit 64,6% der Fälle etwas weniger.

Abbildung 41: Welche delinquenten Handlungen wurden dem Kind vorgeworfen? Einfach und mehrfach auffällig gewordene Kinder im Vergleich (n=381) (Mehrfachnennungen möglich)

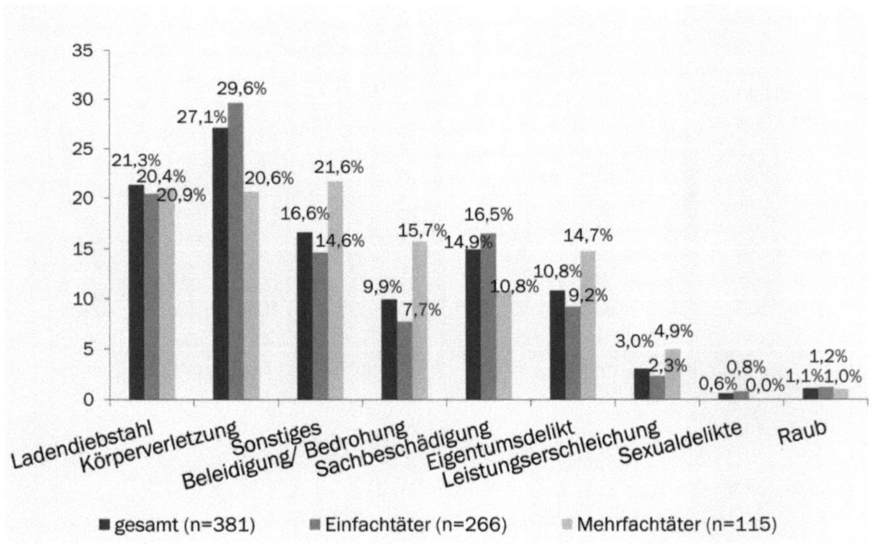

Mehrfachauffällige Kinder sind in über zwei Drittel aller Fälle dem Jugendamt bereits bekannt – in vielen Fällen, bei der Interventionsstelle selbst (44,4%) (als „Zeuge“, „Opfer“, Bekanntheit durch die Familie, vorhergegangene Taten). In einem Drittel der Fälle sind die Kinder beim Regionalen Familiendienst und in 9,1% der Fälle bei der Schulsozialarbeit bereits in Erscheinung getreten. Es ist anzunehmen, dass die betroffenen Kinder nicht nur durch delinquente Handlungen auffallen, sondern bereits im Vorfeld ein erzieherischer Bedarf deutlich wurde oder die Familie dem Jugendamt bereits bekannt ist.

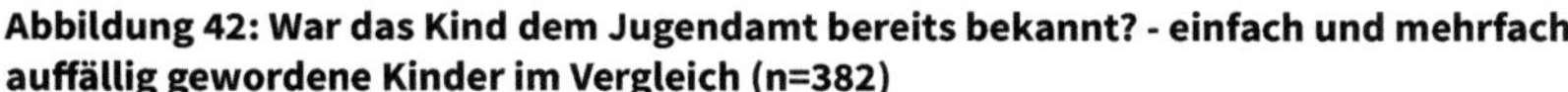

Abbildung 42: War das Kind dem Jugendamt bereits bekannt? - einfach und mehrfach auffällig gewordene Kinder im Vergleich (n=382)

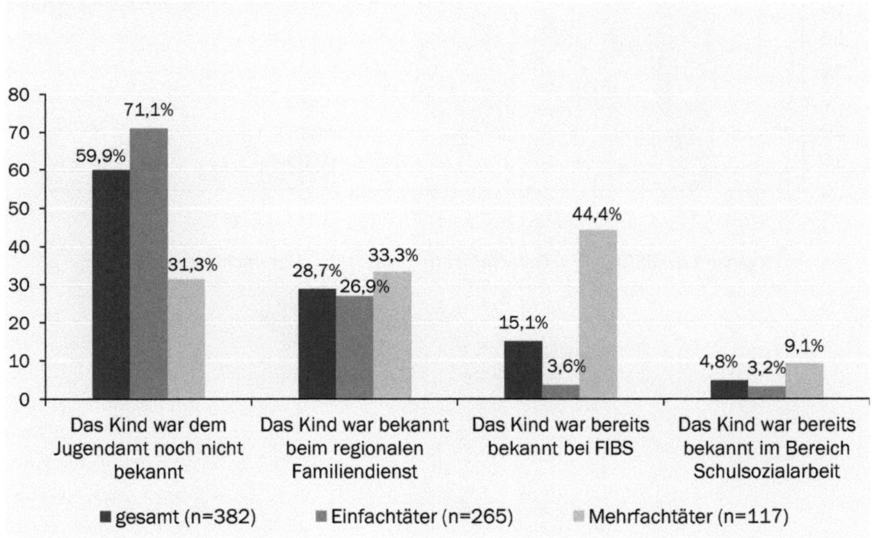

Überproportional häufig erhielten Kinder, die mit mehreren delinquenten Handlungen auffielen, eine erzieherische Hilfe. Bezogen auf die Grundgesamtheit waren es rund 13% der Kinder, in der Gruppe der Mehrfachauffälligen sind es rund 20%.

Abbildung 43: Erhielt die Familie zum Zeitpunkt der vdH Hilfen zur Erziehung (§§ 27 ff. SGB VIII) für das Kind?

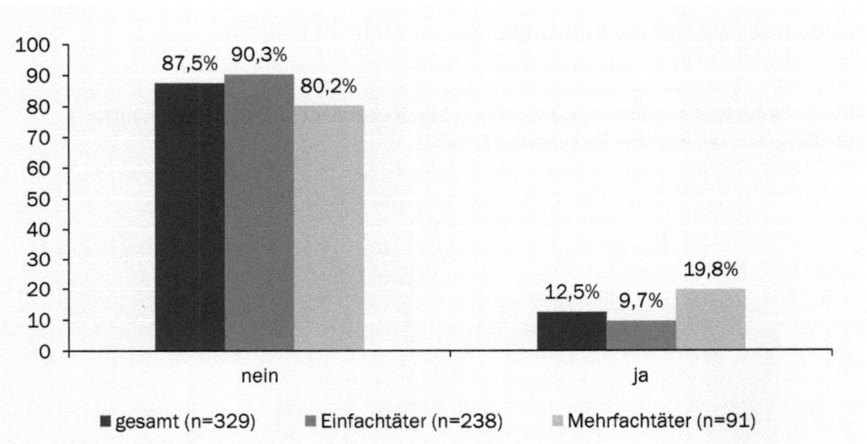

Bei den Tätigkeiten der Fachstelle zeigen sich deutliche Unterschiede zwischen der Gruppe der einfach und der mehrfach auffälligen Kinder. Insbesondere im Vorfeld gab es in über der Hälfte der Fälle zusätzliche Abstimmungsprozesse und Informationen bei anderen Diensten wurden eingeholt. Zum Vergleich: Bei Kindern, die nur einmal durch eine delinquente Handlung auffielen, waren diese Abstimmungsprozesse nur in knapp einem Drittel der Fälle notwendig.

Dieser Zusammenhang ist plausibel, da die mehrfach auffälligen Kinder deutlich häufiger bei anderen Institutionen bereits bekannt waren und zum Teil erzieherische Hilfen erhielten. Bevor die Fachkräfte der Interventionsstelle den Kontakt zur Familie aufnehmen, nehmen sie also in der Regel Kontakt zum bestehenden Helfersystem auf, um das Vorgehen im Einzelfall miteinander abzustimmen.

Abbildung 44: Wie wurde FIBS im Vorfeld des Beratungsangebots tätig, um Informationen einzuholen bzw. mit welchen Institutionen erfolgten Abstimmungsprozesse?

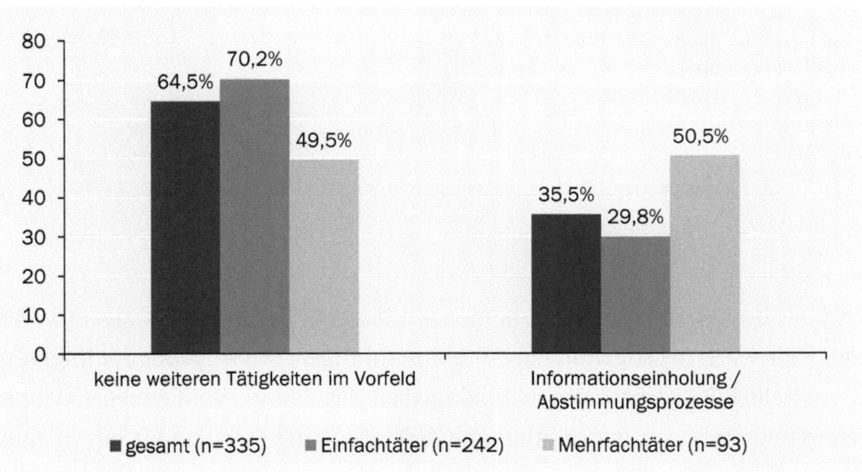

Auch die Häufigkeit der Kontakte variiert, wie die nachfolgende Graphik zeigt. In nur 13% aller Fälle fand keine Beratung durch FIBS statt. In diesen Fällen wurde auf eine gesonderte Beratung durch die Fachstelle verzichtet, da über das Helfersystem zwischenzeitlich der Hilfebedarf abgedeckt wurde bzw. der Handlungsauftrag an andere, bereits involvierte Helfer abgegeben wurde.

Abbildung 45: Häufigkeit der Kontakte von FIBS mit Familie und/oder Kind (n=280)

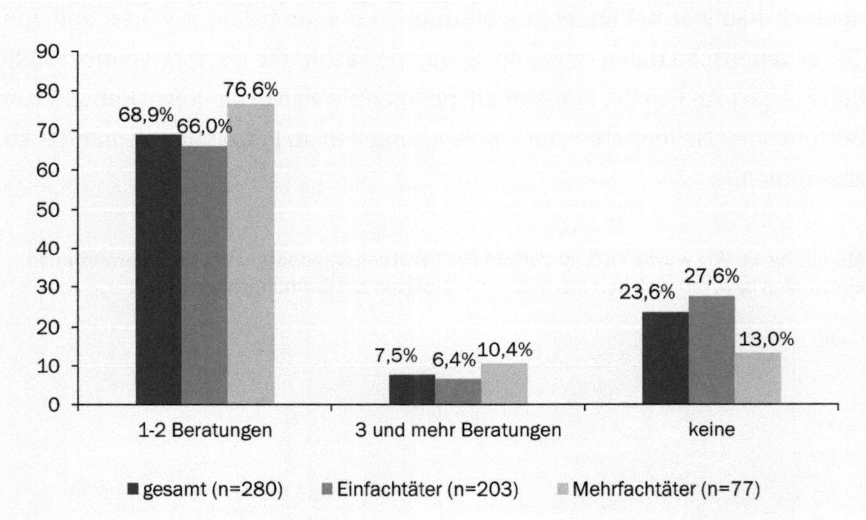

In über drei Viertel aller Fälle fanden ein bis zwei Beratungen statt, in 10,4% der Fälle waren es sogar drei und mehr Beratungen. Das Angebot der Interventionsstelle FIBS variiert also in Abhängigkeit des Bedarfs der Familie von einer Einmalberatung zur Information und Aufklärung der Familien bis hin zu einer längerfristigen Beratung.

Deutlich häufiger hat die Interventionsstelle den Regionalen Familiendienst bei Vorliegen mehrerer Auffälligkeiten über die Vorgänge informiert (39,5%). Dies ist insofern plausibel, da überdurchschnittlich oft der Regionale Familiendienst bereits involviert war bzw. erzieherische Hilfen nach § 27ff. SGB VIII durchgeführt wurden. Außerdem deutet sich ja bereits bei der Anzahl der durch FIBS durchgeführten Beratungen an, dass ein erhöhter Hilfebedarf vorliegt. Sofern dieser nicht durch Maßnahmen von FIBS selbst gedeckt werden kann, wird der Regionale Familiendienst eingeschaltet. Alternativ wurde die Familie in rund 32% der Fälle an Erziehungsberatungsstellen weitervermittelt. Gespräche mit der Schule fanden seltener statt (2,6% im Vergleich zu 22,7%).

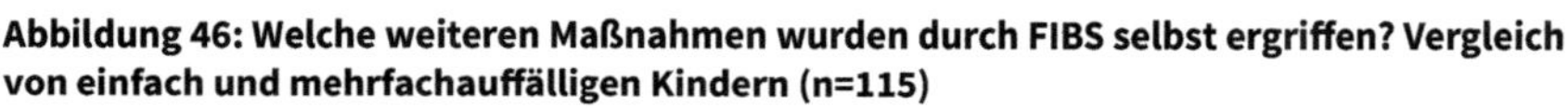

Abbildung 46: Welche weiteren Maßnahmen wurden durch FIBS selbst ergriffen? Vergleich von einfach und mehrfachauffälligen Kindern (n=115)

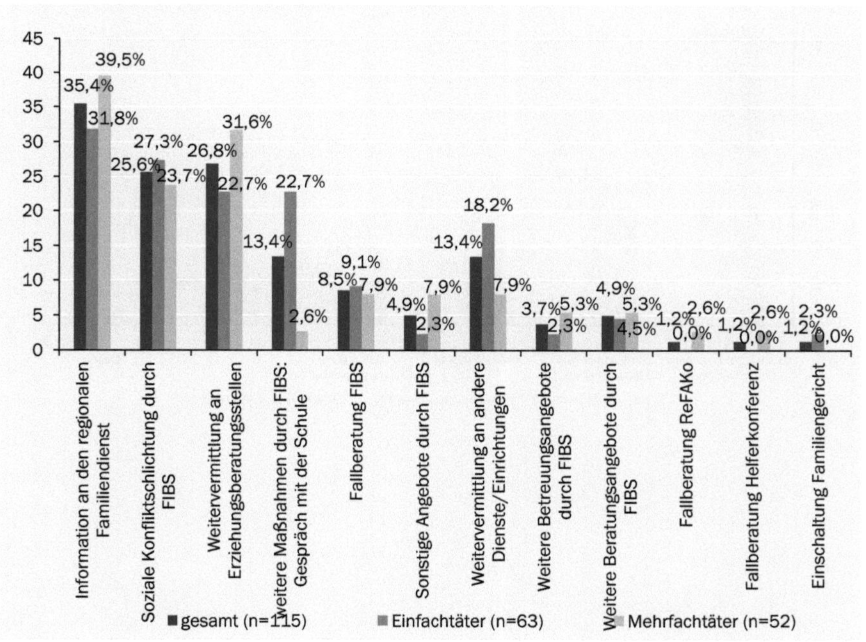

Als Reaktion der Eltern auf die vorgeworfene delinquente Handlung der Kinder erfolgt in drei Viertel aller Fälle ein Gespräch zwischen Eltern und Kind. Bei mehrfach auffällig gewordenen Kindern ist dies sogar in rund 86% die unmittelbare Reaktion. Zudem werden in über einem Drittel der Fälle Sanktionen ausgesprochen. Auch suchen die Eltern in rund 16% der Fälle aktiv nach Unterstützung. In seltenen Fällen zeigen die Eltern keine Reaktion auf die Handlungen ihrer Kinder (3,1%).

Abbildung 47: Welche Reaktion zeigten die Eltern auf die vdH? Vergleich von einfach und mehrfachauffälligen Kindern (n=277, Mehrfachnennungen möglich)

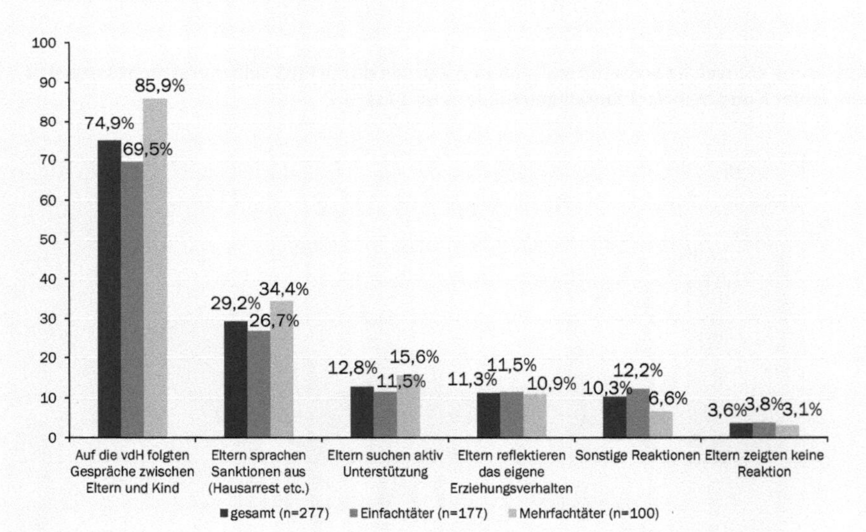

Die Befunde zeigen, dass sich die Eltern – sowohl diejenigen der einfach als auch diejenigen der mehrfach auffälligen Kinder – in aller Regel beratungsoffen zeigen. Auffällig ist, dass die Eltern von mehrfach auffälligen Kindern überproportional häufig Hilfebedarf äußerten (23,8% im Vergleich zu 14,8%) und auch Ängste um das Kind benennen (20,6% im Vergleich zu 10,1%). Diese Eltern scheinen das Angebot der Interventionsstelle gut annehmen zu können und nur ein kleiner Teil zeigt sich ablehnend gegenüber dem Angebot (1,6%). Hier ist es den Fachkräften gut gelungen, die Eltern zu erreichen und einen offensichtlichen Unterstützungsbedarf aufzugreifen.

Abbildung 48: Welche Reaktion zeigten die Eltern auf die Beratungsangebote von FIBS? Vergleich von einfach und mehrfachauffälligen Kindern (n=235, Mehrfachnennungen möglich)

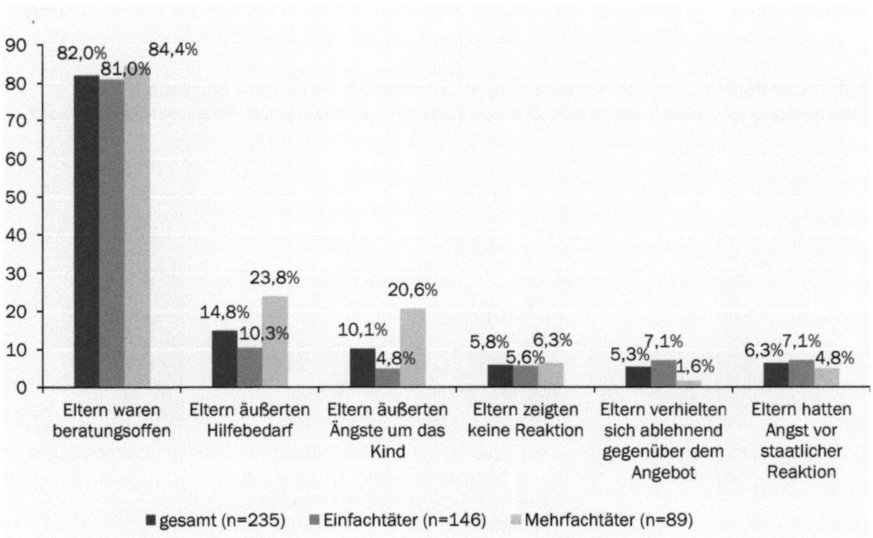

Wie bereits beschrieben kann frühes Delinquenzverhalten nicht herangezogen werden, um die weitere Entwicklung und Gefährdung des Kindes „vorauszusehen". Aufgrund der geringen Anzahl der Kontakte zwischen der Fachstelle und der Familie ist eine Einschätzung zur weiteren biographischen Entwicklung des Kindes in vielen Fällen hierzu nicht möglich. Die vorliegenden Daten zeigen, dass in knapp einem Viertel aller Fälle davon ausgegangen werden kann, dass keine weitere Gefährdung des Kindes vorliegt. Dies ist etwas weniger als im Gesamtdurchschnitt (30,3%). In rund 40% der Fälle gibt es ein geringes Gefährdungspotenzial für weiteres delinquentes Verhalten; dieser Wert liegt über dem Gesamtdurchschnitt von rund 25%. Bei einer kleinen Gruppe ist von einer starken Gefährdung der Verfestigung des delinquenten Verhaltens auszugehen. Im Gesamtdurchschnitt handelt es sich dabei um 3,5% aller auffällig gewordenen Kinder. Bei mehrfach auffälligen Kindern sind es mit rund 8% etwas mehr.

Abbildung 49: Wie schätzen Sie zum aktuellen Zeitpunkt die weitere biographische Entwicklung des Kindes ein? Vergleich von einfach und mehrfachauffälligen Kindern (n=254)

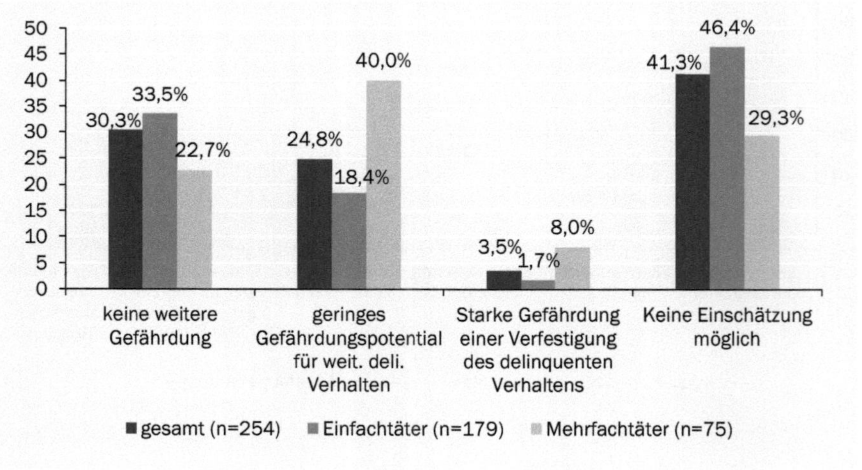

Insgesamt zeigen die Daten, dass es sich bei der Gruppe der mehrfach auffälligen Kinder um eine zahlenmäßig nicht zu vernachlässigende Gruppe handelt. Aus der Häufung mehrerer „Taten" und der Art der Handlungen ist jedoch nicht abzuleiten, wie sich die weitere Entwicklung des Kindes gestaltet. Die delinquenten Handlungen sind ein Anlass, um die Familie zu kontaktieren, das Vorliegen eines erzieherischen Bedarfs abzuklären und unterschiedliche Unterstützungsmaßnahmen durchzuführen. Die Resonanz der Eltern zeigt, dass sich FIBS als niedrigschwellige, nicht stigmatisierende Beratungs- und Interventionsstelle eignet. Insbesondere bei Kindern und deren Eltern, die mehrfach auffällig werden, scheint das Angebot gut angenommen zu werden. FIBS dient hier als Zugang für Familien zum Jugendamt – Hilfen werden direkt angeboten oder die Familien werden an andere Dienste wie den Regionalen Familiendienst oder Beratungsstellen weitervermittelt.

5.5 Kinder mit Migrationshintergrund

Von allen bei FIBS gemeldeten Kindern haben 60,4% einen Migrationshintergrund. Der Migrationshintergrund wurde in Anlehnung an die Definition des Mikrozensus sowie der Kinder- und Jugendhilfestatistik erfasst. Ein Migrationshintergrund liegt dann vor, wenn das Kind bzw. mindestens ein Elternteil nicht die deutsche Staatsbürgerschaft hat. Als Migrationshintergrund gilt auch, wenn das Kind bzw. mindestens ein Elternteil nach Deutschland zugewandert ist, durch Einbürgerung aber die deutsche Staatsbürgerschaft vorliegt.

Damit sind Kinder mit Migrationshintergrund einerseits eine sehr relevante Zielgruppe für den Fachdienst FIBS. Der Anteil delinquenter Kinder mit Migrationshintergrund liegt allerdings nur unwesentlich über ihrem Bevölkerungsanteil (um 8%). Zudem ist die Kategorie „Migrationshintergrund" weder ein soziologisch eindeutiger Indikator zur Beschreibung einer Personengruppe, noch kann sie das Ausmaß von Delinquenz erklärt (vgl. Hamburger 2009).

Um sich dieser Personengruppe zu nähern, werden im Folgenden einzelne Befunde getrennt nach Kindern bzw. Familien mit und ohne Migrationshintergrund dargestellt. Da es sich um eine relevante Zielgruppe für die Fachstelle für Intervention und Beratung Strafunmündiger handelt, soll der Blick für das delinquente Verhalten, den Entstehungskontext sowie weitere Besonderheiten zur Entwicklung migrationssensibler Strategien dargestellt werden.

Zunächst fällt auf, dass Kinder mit Migrationshintergrund deutlich seltener beim Jugendamt bekannt oder vom Regionalen Familiendienst bzw. im Rahmen der Schulsozialarbeit betreut wurden.

Abbildung 50: Bekanntheit der Familie bei ausgewählten Diensten im Jugendamt

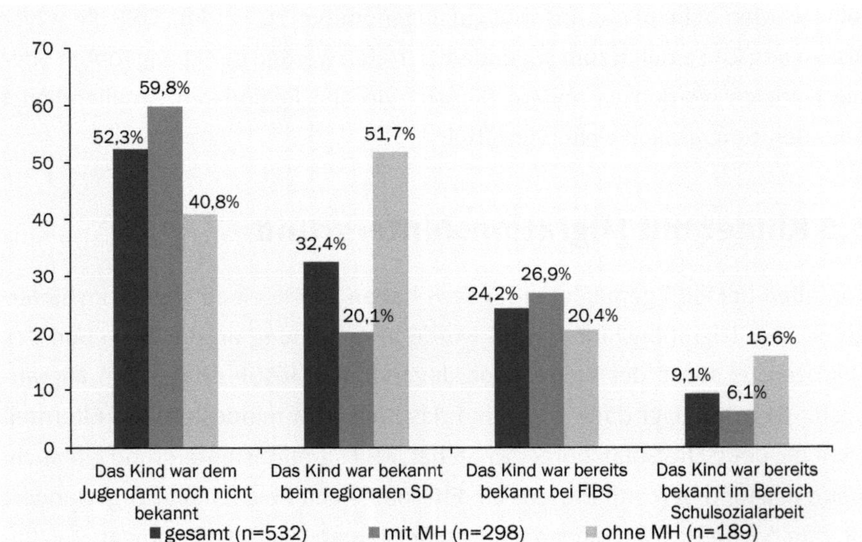

Bei den vorgeworfenen delinquenten Handlungen zeigen sich bei den Kindern mit und ohne Migrationshintergrund keine nennenswerten Unterschiede. Lediglich bei den Eigentumsdelikten treten Kinder mit Migrationshintergrund doppelt so häufig in Erscheinung.

Abbildung 51: Welche delinquenten Handlungen wurden dem Kind vorgeworfen? (Mehrfachnennungen möglich)

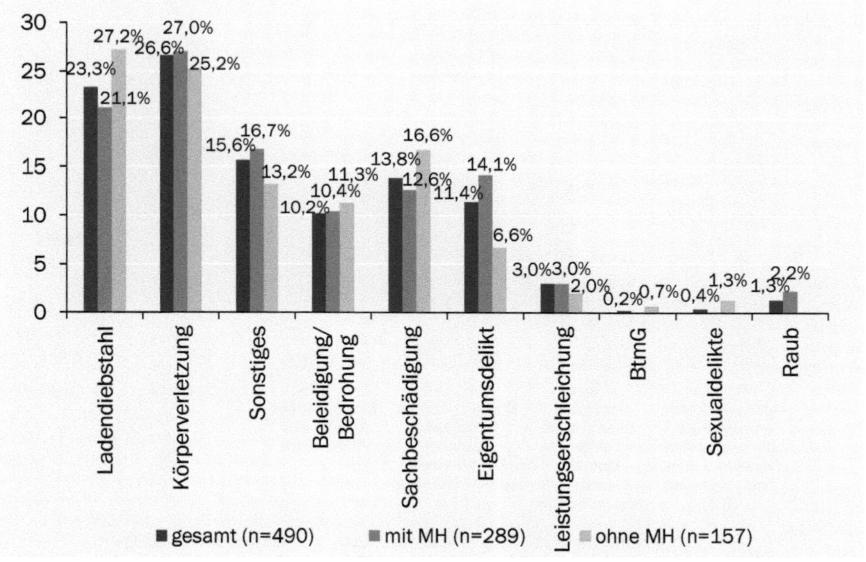

Unterschiede zeigen sich bei der familialen Lebenssituation der Kinder. Deutlich häufiger leben Kinder mit Migrationshintergrund bei beiden leiblichen Eltern (68,6%). Bei den Kindern ohne Migrationshintergrund sind es lediglich knapp 40%, die bei den beiden leiblichen Eltern aufwachsen.

Abbildung 52: Wo lebte das Kind zum Zeitpunkt der vdH?

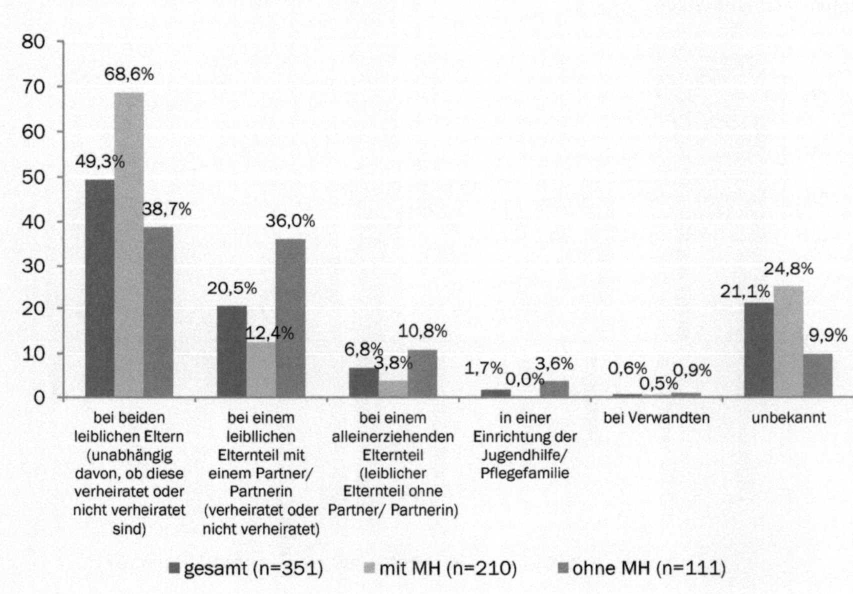

Ansonsten lassen sich bei der Datenanalyse keine nennenswerten Unterschiede bei Kindern mit und ohne Migrationshintergrund finden. Weder bei den vorgeworfenen Handlungen, der Reaktion der Eltern oder der Arbeitsweise der Fachstelle lassen sich hervorhebenswerte Unterschiede erkennen.

6. Wie bewerten Fachkräfte, Eltern und Kinder die Arbeit der Fachstelle FIBS?

Für die Arbeit mit Kindern, die durch delinquentes Verhalten auffällig geworden sind, gibt es bislang keine ausgereiften Konzepte und übertragbare Erfahrungen. Aus gutem Grund ist auch mit vorschnellen Rezepten oder Programmen Vorsicht geboten, um Kinder nicht zu kriminalisieren oder zu stigmatisieren. Fachlich-konzeptionell stellt die Arbeit mit Kindern, die durch bestimmte normabweichende Verhaltensweisen auffällig geworden sind, zu förderst eine pädagogische Aufgabe dar. Wie diese aber im Rahmen einer arbeitsteilig und arbeitsfelddifferenzierten Jugendhilfe an den Schnittstellen zur Polizei und weiteren Organisationen (z. B. Schule) am besten ausgestaltet werden kann, welche Folgen und welche Nebenwirkungen deutlich werden, ist noch nicht hinreichend geklärt. Theoriegeleitet lassen sich für die bundesweit vorliegenden Modelle Bewertungskriterien darstellen, entlang derer Vor- und Nachteile bestimmter Handlungskonzepte und Organisationsstruktur begründet dargestellt werden können. Dieser Zugang beschreibt allerdings nur eine Perspektive, die für die Bewertung konkreter Praxis relevant ist. Bislang liegen kaum Evaluationen vor, die Kinder und Eltern direkt befragen und ihre Einschätzungen mit in die Bewertung integrieren.
Eine Befragung von Fachstellen, Eltern und Kindern wurde im Rahmen der Evaluation der Fachstelle FIBS als zentral erachtet. Die Ergebnisse sollten nicht nur zur Bewertung des Modells herangezogen werden, sondern im Implementierungsprozess der Fachstelle zur kontinuierlichen Konzeptreflexion und -weiterentwicklung genutzt werden.

Für die beteiligten Fachkräfte sowie für Eltern und Kinder wurden je eigene Erhebungsbögen entwickelt und für jede „vorgeworfene delinquente Handlung eines Kindes“ eingesetzt. Das bedeutet konkret, dass die Fachkräfte von FIBS für jeden Vorgang bei den betreffenden Kindern einen Bogen mit soziodemographischen Angaben zur Biographie und zur Familie, zu den vorgeworfenen Handlungen und zu den Tätigkeiten von FIBS und den Reaktionen der Eltern ausfüllen mussten.

Für die Eltern und Kinder wurden ebenfalls Erhebungsbögen entwickelt, die am Ende des Hilfeprozesses anonym ausgefüllt werden sollten, um die Arbeit von FIBS zu bewerten. In vielen Evaluationen wird die Adressatenperspektive oft gar nicht eingenommen. Wirksamkeitseinschätzungen lassen sich ohne deren Perspektive allerdings nicht vornehmen. Die Bögen sind im Anhang dokumentiert.

Von den Fachkräften wurden insgesamt 380 Bögen ausgefüllt. Von den Kindern liegen 150 Bögen vor, was einer Beteiligung von 40% entspricht. Die Eltern haben 147 Bögen ausgefüllt, was einer Rücklaufquote von 38% entspricht.

6.1 Einschätzung durch die Fachkräfte der Fachstelle FIBS

Die Beratungsangebote der Fachstelle FIBS sind grundsätzlich freiwilliger Natur. Eltern, die keinen Kontakt wünschen, können das Beratungsangebot schlicht ignorieren und haben keinerlei direkte oder indirekte Sanktionen oder Nachteile für sich und ihre Kinder zu befürchten. Lediglich der Verdacht auf eine Kindeswohlgefährdung schränkt die Freiwilligkeit der Mitwirkung ein.

Die vorangehenden Befunde haben schon deutlich gezeigt, dass das Angebot der Fachstelle von den Eltern in hohem Maße angenommen wird. Laut Einschätzung der Fachkräfte standen die meisten Eltern dem Beratungsgespräch offen gegenüber (81,7%). In rund 15% äußerten die Eltern ganz konkreten Hilfebedarf, konnten also das Gespräch gut für sich nutzen und eigene Anliegen platzieren. Einige Eltern äußerten Ängste um ihr Kind (13,5%). Eine kleinere Gruppe zeigte wenig Reaktion, verhielt sich sogar insgesamt ablehnend gegenüber den Beratungsangeboten der Fachstelle. Allerdings hängt dies nicht immer mit der Angst vor staatlicher Reaktion zusammen; dies war nur bei einer Minderheit der Fall.

Abbildung 53: Welche Reaktionen zeigten die Eltern auf Beratungsangebote durch FIBS? (Einschätzung der Fachkräfte; Mehrfachnennungen möglich; n=322)

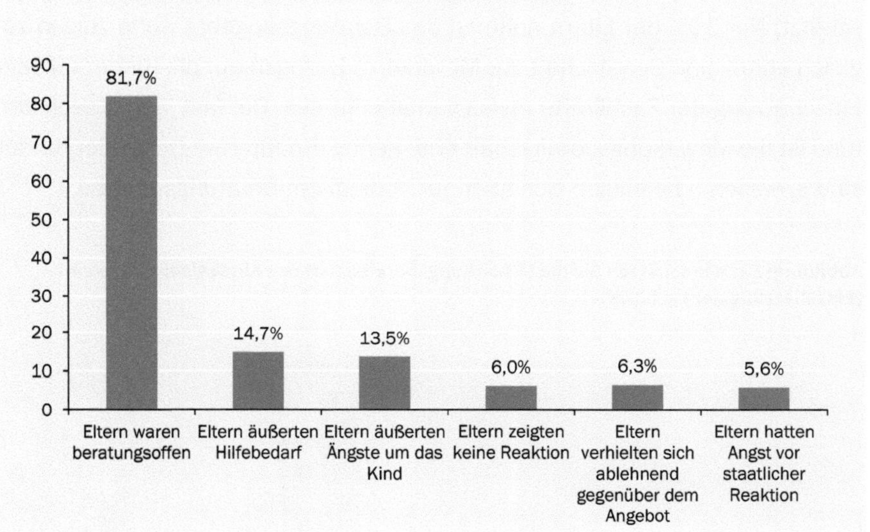

Entsprechend der beratungsoffenen Einstellung der meisten Eltern, wird auch die Mitwirkungsbereitschaft in fast 90% der Fälle als „hoch" und „mittel" eingeschätzt. Nur 10% der Eltern nehmen das Beratungsangebot wahr, zeigen zugleich aber keine Bereitschaft zur Mitwirkung. Bezogen auf die Kinder fällt die Einschätzung der Fachkräfte etwas verhaltener aus. Bei fast jedem sechsten Kind ist die Mitwirkungsbereitschaft eher gering. Knapp zwei Drittel der Kinder sind anwesend, beteiligen sich aber nur bedingt am Beratungsprozess.

Abbildung 54: Wie schätzen Sie die Mitwirkungsbereitschaft des Kindes/der Eltern ein? (Einschätzung der Fachkräfte)

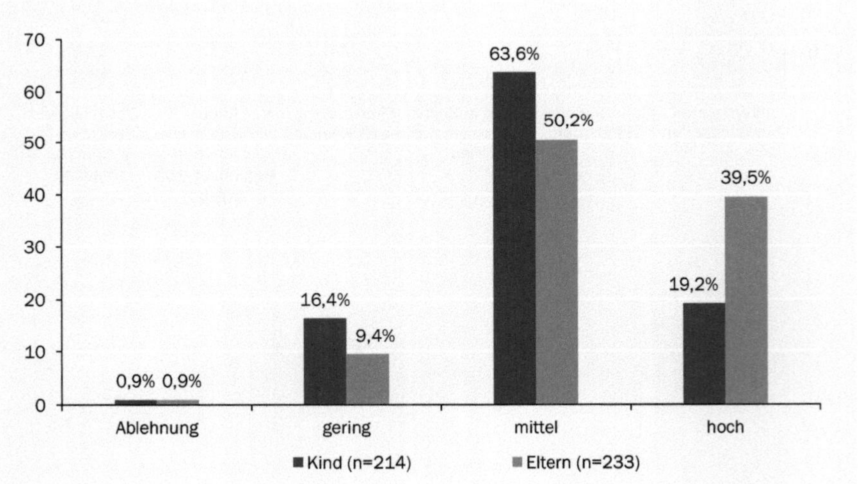

Zentrale Voraussetzung für das Gelingen einer Hilfe ist die Beteiligung der Eltern und Kinder am Hilfeprozess. Im Rahmen der Fachstelle für Intervention und Beratung scheint es den Fachkräften erfolgreich gelungen zu sein, über zwei Drittel der Familien in hohem bis mittlerem Maße zu beteiligen. Insgesamt scheint es leichter möglich, die Eltern zu beteiligen, als die Kinder. Bei den Strafunmündigen wurde in 14% der Fälle nur eine geringe, in weiteren rund 7% der Fälle keine Beteiligung angegeben.

Daraus ergibt sich die Fragestellung, wie insbesondere Kinder stärker zur Mitwirkung gewonnen werden können. Beratungssettings sind für Kinder in der Regel eine ungewöhnliche und wenig alltagsbezogene Situation – vergleichbar mit Schule. Dass Kindern in diesen Settings und vor dem Hintergrund des Anlasses, eine delinquente Handlung mutmaßlich begangen zu haben, Beteiligung schwer fällt, ist nachvollziehbar. Hier stellt sich die Frage, welche Settings kindgerechter sind und mehr Beteiligung ermöglichen.

Abbildung 55: Schätzen Sie bitte ein, wie sehr es gelungen ist, das Kind/die Eltern am Hilfeprozess/an der Beratung zu beteiligen (Einschätzung der Fachkräfte)

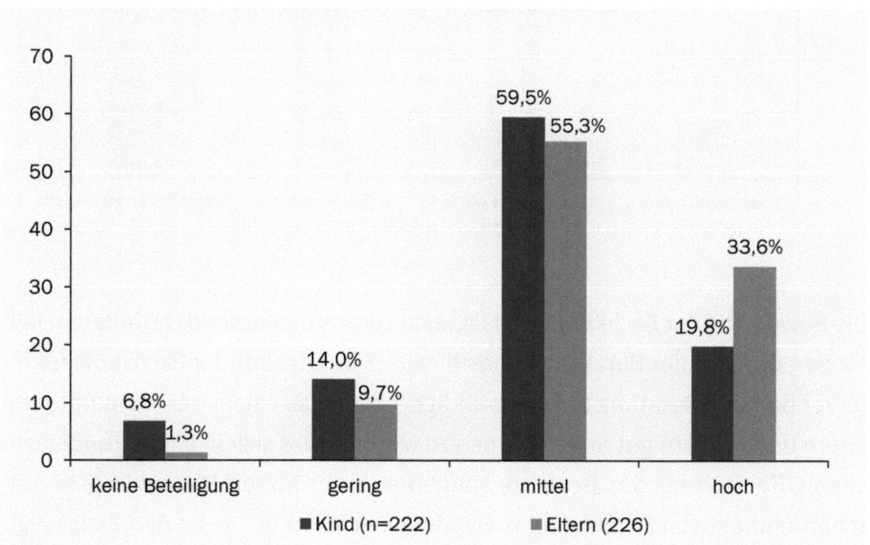

In über der Hälfte aller Fälle gaben die Fachkräfte an, dass die angestrebten Ziele überwiegend erreicht wurden (51,8%). In weiteren rund 11% der Fälle wurden die Ziele durch die Hilfen vollständig erreicht. Rund 29% der Fälle gestalteten sich schwieriger, so dass zum Bewertungszeitpunkt nur erste Schritte erreicht wurden. Bei einer kleinen Anzahl an Fällen konnten die Ziele nicht erreicht werden, vermutlich da Eltern und Kind zum jeweiligen Zeitpunkt nicht zu einer Zusammenarbeit bereit waren.

Abbildung 56: Für wie erfolgreich erachten Sie die Hilfen zum jetzigen Zeitpunkt? (Einschätzung der Fachkräfte; n=220)

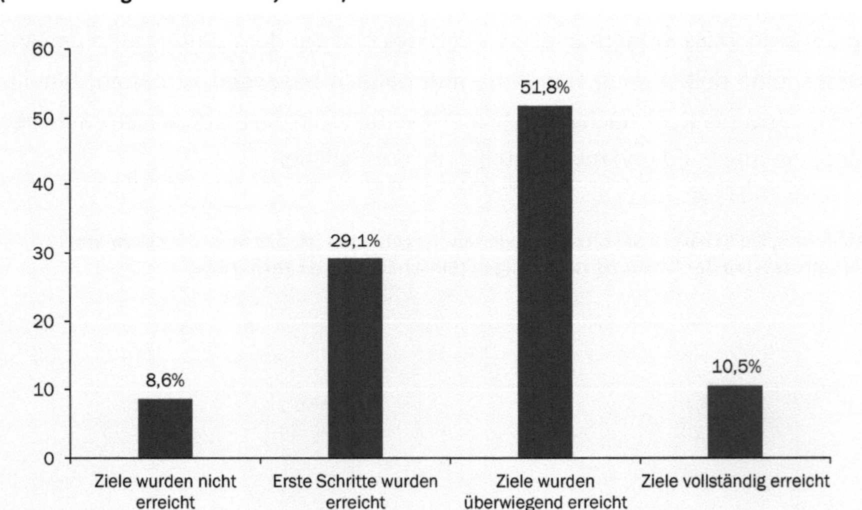

Die Bewertung der Fachkräfte, so lässt sich zusammenfassend resümieren, fällt für den Großteil der Beratungen positiv aus. Das Angebot der Fachstelle für Intervention und Beratung Strafunmündiger scheint aus Sicht der Fachkräfte von Eltern und Kindern gut angenommen zu werden, was sich in einer grundsätzlichen Offenheit für das Beratungsangebot, einer hohen Mitwirkungsbereitschaft und aktiven Beteiligung sowie dem Erreichen der gesetzten Ziele zeigt. Dennoch scheint es eine kleine Gruppe an Eltern und Kindern zu geben, die wenig bis kein Interesse an dem Angebot zeigen, Angst vor staatlicher Repression haben und nur schwer zu beteiligen und zu einer aktiven Mitwirkung bereit sind. Hier ist zu prüfen, um welche Fälle es sich im Einzelnen handelt und welche Wege es gibt, auch diese Familie zu erreichen.

6.2 Bewertung der Arbeit der Fachstelle FIBS

Befragt man die Eltern nach ihrer Einschätzung des Beratungsangebotes, sind die Angaben ähnlich positiv wie die Bewertungen der Fachkräfte. Analog zur Beratungsoffenheit geben jeweils rund 80% der Eltern an, dass die Unterstützung durch das Jugendamt bzw. die Fachstelle für Intervention und Beratung Strafunmündiger hilfreich für sie sei, aber auch für ihr Kind. Einig sind sich beinahe alle befragten Eltern, dass es richtig ist, dass das Jugendamt sich um diese Fälle kümmert und in diesem Zuge die Eltern und Kinder zu einem gemeinsamen Klärungsgespräch eingeladen hat. Die Aufgaben der Mitarbeiter der Fachstelle sind für den Großteil der befragten Eltern ebenfalls hinreichend transparent.

Abbildung 57: Einschätzung des Beratungsangebotes durch die Eltern (Angaben mit den Antworten „trifft voll zu“ und „trifft zu“)

Während des Gesprächs konnten in rund 85% der Fälle Wünsche und Anliegen der beratenen Personen aufgegriffen werden. Auch scheint dies ein Ort zu sein, wo Eltern viel über mögliche Hilfen und Unterstützungsmaßnahmen erfahren können bzw. erfahren. Zentraler Wirkfaktor scheint zu sein, dass sich die meisten Eltern während des Beratungsgespräches in ihrer Situation ernst genommen fühlen. Insgesamt schätzen rund 88% der Eltern das Gespräch im Jugendamt als hilfreich ein.

Abbildung 58: Positive Rückmeldungen der Eltern nach dem Beratungsgespräch durch die Fachstelle (Mehrfachnennungen möglich; n=287)

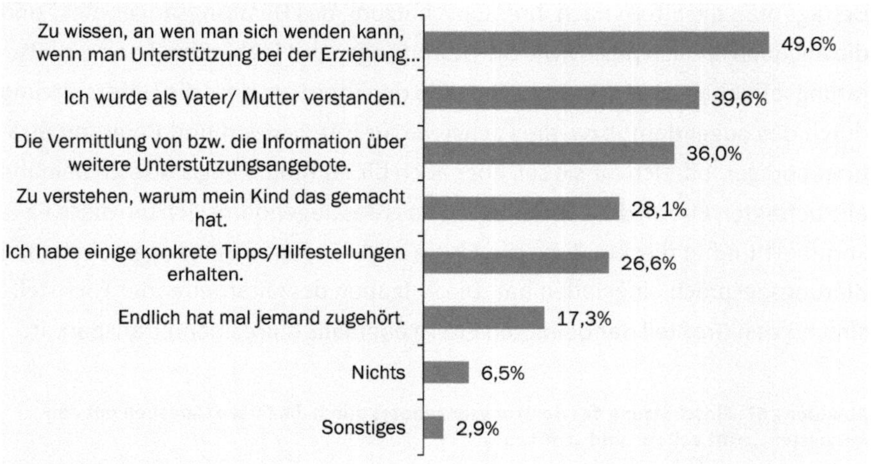

Blickt man spezifischer auf die hilfreichen Aspekte im Beratungsgespräche, ergeben sich Hinweise auf die Funktion der Beratungsstelle. Als hilfreich erlebten die Eltern, dass sie durch den Kontakt zum Jugendamt nun einen Ansprechpartner kennen, an den man sich wenden kann, falls man Unterstützung in Erziehungsfragen braucht. Positiv bewertet wurde auch von rund 40% der Befragten, dass sie sich als Mutter und Vater verstanden fühlten. Die Vermittlung von bzw. die Information über weitere Unterstützungsangebote war für 36% bedeutsam. Rund 17% der Eltern gab an, dass endlich mal jemand zugehört habe. Bei all diesen Antworten wird deutlich, dass der besondere Wert der Fachstelle darin liegt, ein niedrigschwelliges Beratungsangebot für Eltern bereitzustellen. Zu überlegen ist, ob auch über den konkreten Bedarfsfall hinausgehend FIBS eine Anlaufstelle für betroffene Eltern sein kann, die unabhängig von einer Einladung in das Jugendamt in Anspruch genommen werden kann. Für mehr als ein Viertel der Familien ist es darüber hinaus wichtig, zu verstehen, wieso das eigene Kind in eine solche Situation geraten ist und wie es zu dem (vorgeworfenen) delinquenten Handeln kam. Konkrete Hilfestellungen und Ratschläge waren für über ein Viertel der Eltern wertvoll.

Nur wenige Familien konnten zum Befragungszeitpunkt keinen nennenswerten Gewinn aus dem Angebot ziehen. Der Gesprächsrahmen war für rund 40% der Familien unproblematisch gewesen zu sein. Ein Drittel der Eltern gaben an, dass es ihnen schwer fiel zu begreifen, dass ihr Kind „so etwas“ gemacht hat. Damit verbunden ist auch in knapp einem Viertel aller Fälle die Sorge der Eltern, dass das eigene Kind noch häufiger ähnliche Handlungen machen könnte. Ein Teil der Eltern schämte sich für das Verhalten des Kindes.

Abbildung 59: Kritische Rückmeldungen der Eltern nach dem Beratungsgespräch durch die Fachstelle (Mehrfachnennungen möglich; n=177)

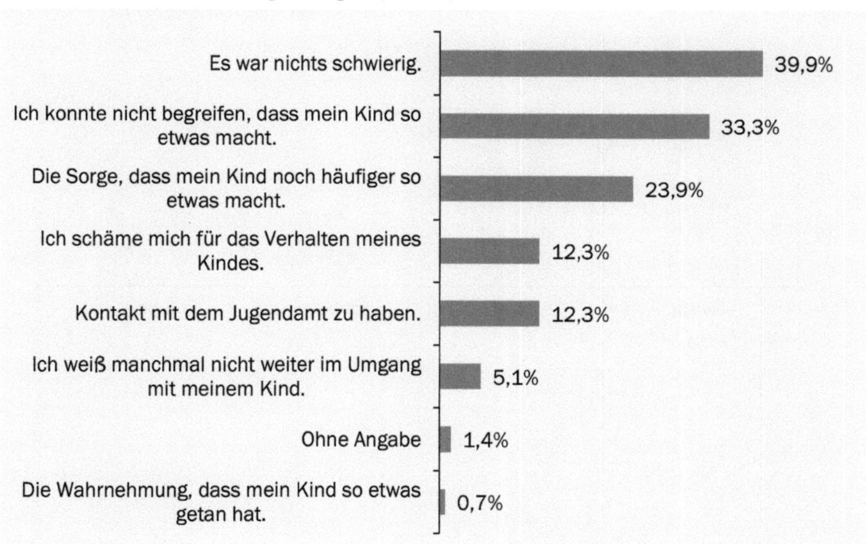

6.3 Bewertung des Angebotes durch die Kinder

Die Einschätzung des Beratungsangebotes durch die Kinder fällt ebenso positiv aus, wie die Einschätzung der Eltern. Die Kinder durften Schulnoten von 1 bis 6 (sehr gut bis ungenügend) vergeben und das Angebot der Fachstelle einschätzen. Insgesamt zeigt sich, dass rund 60% der Kinder die Schulnote „sehr gut" und rund 27% der Kinder die Schulnote „gut" vergeben haben. Die Schulnoten „befriedigend" und „ausreichend" wurden in rund 12% der Fälle vergeben. Schlechtere Bewertungen gab es keine.

Abbildung 60: Einschätzung des Beratungsangebotes durch die Kinder (n=150)

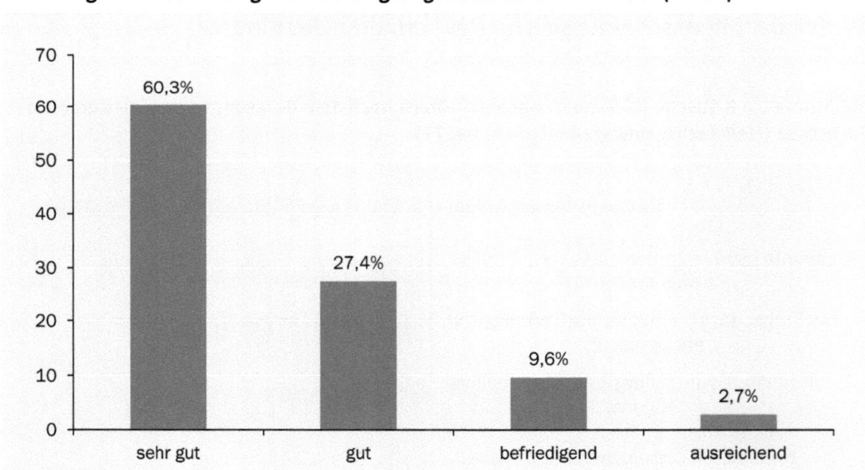

Auf die Frage, was die Kinder an dem Beratungsgespräch durch die Fachstelle am meisten schätzten bzw. in kindgerechter Sprache „am besten fanden", gaben annähernd zwei Drittel der Kinder an, dass für sie die Möglichkeit, zu erklären, was passiert ist, am wichtigsten war. Deutlich wird, dass auch Kinder es wertschätzen, wenn sie ihre Sicht der Dinge darlegen können und man ihnen zuhört. Explizit angegeben haben dies 39% der Kinder.

Über die Hälfte der befragten Kinder gibt an, dass sie nun wissen würden, „was sie jetzt anders machen können". Insbesondere aus präventiven Gesichtspunkten ist dieser Punkt hervorzuheben. Ohne das Beratungsgespräch durch die Fachstelle könnte es sein, dass das „Ereignis" gewissermaßen untergeht, nicht thematisiert wird und die Kinder ohne ein entsprechendes Feedback keine Möglichkeit haben, sich weiterzuentwickeln und neue Handlungsoptionen zu erlernen.

Abbildung 61: Positive Rückmeldungen der Kinder nach dem Beratungsgespräch durch die Fachstelle (Mehrfachnennungen möglich, n=291)

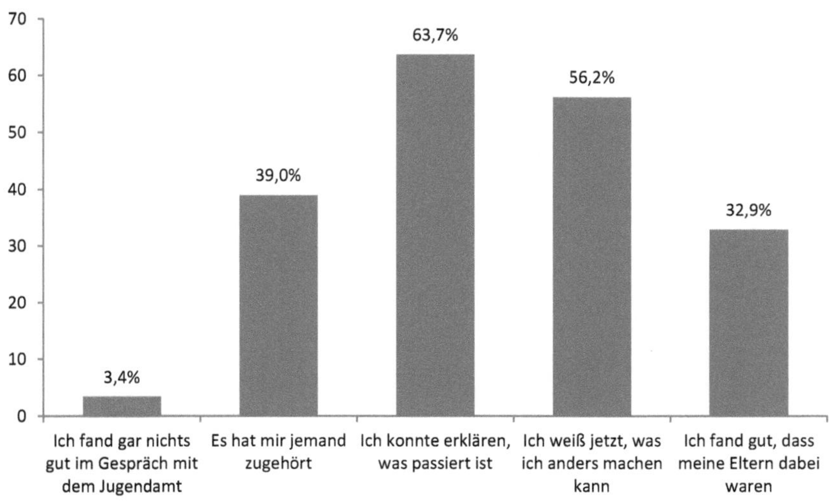

Die kritischen Rückmeldungen der Kinder bezogen sich weniger auf das Beratungsgespräch selbst, sondern in erster Linie auf die Gefühle der Kinder in Verbindung mit der (vorgeworfenen) delinquenten Handlung. Etwa ein Viertel der Kinder schämt sich für das, was vorgefallen war. Ein Fünftel hatte Angst vor möglichen Konsequenzen, aber auch vor der unbekannten Situation, mit der die Kinder (und deren Eltern) sich durch die Einladung in eine „Behörde" konfrontiert sind. Weniger als 10% der Kinder störten sich daran, dass sie nicht alleine befragt wurden, sondern die Eltern am Gespräch beteiligt wurden. Hier ergibt sich für die Fachkräfte die Herausforderung, solche Situationen zu erkennen, in denen sich die Kinder lieber ohne die Eltern äußern wollen und sensibel darauf zu reagieren, so dass die Betroffenen im Gespräch die Möglichkeit bekommen zu Wort zu kommen. Umgekehrt scheint es für viele Kinder wichtig zu sein (rund ein Drittel), die Eltern als stützende Instanz in der Beratungssituation dabei zu haben. Einzelne hatten im Beratungsgespräch den Eindruck ihre Version der Ereignisse nicht berichten zu können.

Abbildung 62: : Kritische Rückmeldungen der Kinder nach dem Beratungsgespräch durch die Fachstelle (Mehrfachnennungen möglich, n=142)

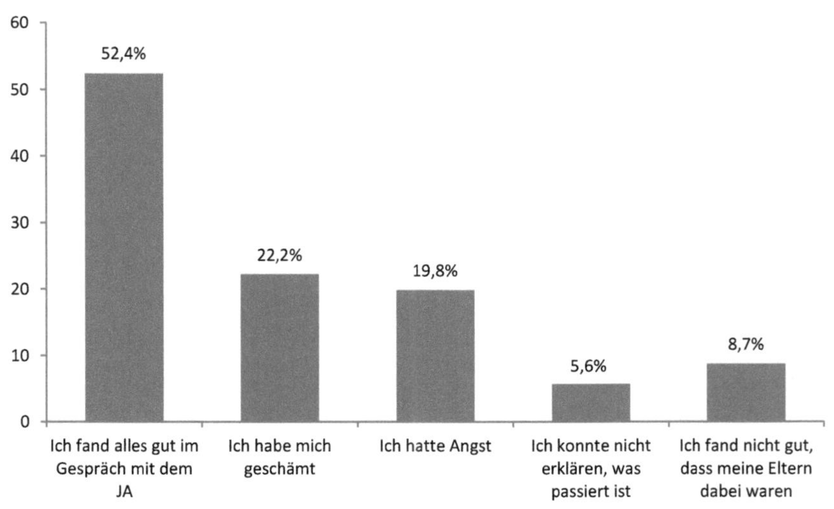

6.4 Fazit

Die Bewertungen zur Arbeit der Fachstelle durch die Fachkräfte, Eltern und Kinder fallen sehr positiv aus. Die weitaus größte Mehrheit der Eltern steht dem Beratungsangebot offen gegenüber. In jedem 7. Beratungsgespräch äußern die Eltern selbst Hilfebedarf oder Ängste um ihr Kind. Entsprechend hoch ist die Bereitschaft der Eltern zur Mitwirkung und Inanspruchnahme von Beratung und Hilfe. Über 80% der Eltern bewerten das Angebot als nachvollziehbar, nützlich und hilfreich. Von den Eltern wird die Fachstelle nicht als staatliche Kontrolle nach dem normabweichenden Verhalten ihrer Kinder gesehen, sondern als Unterstützung zur Bearbeitung von Erziehungsfragen in einem konkreten Kontext.

Dennoch gibt es auch eine kleine Gruppe von Eltern (ca. 10%) die durch die Arbeit der Fachstelle weniger gut erreicht, nicht zur Mitwirkung gewonnen oder eher keinen Kontakt mit dem Jugendamt haben wollten. Für diese Zielgruppe gilt es die Arbeit der Fachstelle weiterzuentwickeln, da es sich hierbei zumeist um Eltern handelt, die über die „klassischen“ Formen der Beratung nicht erreicht werden können. Nicht in allen Milieus oder Schichten gehört die kommunikativ-reflexive Auseinandersetzung mit Erhebungsfragen zum Alltag. Wie im Bereich der Hilfen zur Erziehung gilt es auch im Rahmen der Arbeit der Fachstellen neue niedrigschwellige Zugänge und lebensweltnahe Settings zu entwickeln, die auch dieser Zielgruppe Unterstützung bei Erziehungsfragen anbieten. Nicht nur die Eltern, sondern auch die Kinder bewerten das Angebot der Beratungsstelle zu über 80% positiv. Mehr als die Hälfte der Kinder fand das Beratungsangebot hilfreich. Allerdings gab etwa jedes 4. Kind an, sich geschämt zu haben und hatte Angst. Auch hier zeigt sich Handlungsbedarf zur Weiterentwicklung von FIBS, um das Beratungssetting kindgerechter und noch beteiligungsorientierter zu gestalten.

7. FIBS als Netzwerk- und Scharnierstelle

Die Fachstelle für Intervention und Beratung Strafunmündiger lässt sich in einem Netz vielfältiger Maßnahmen und Angebote der Kinder- und Jugendhilfe sowie anderen Institutionen verorten. Ihre genuine Aufgabe im Unterschied zu bereits bestehenden Angebotsstrukturen begründet sich in der spezifischen Zuständigkeit für delinquentes Verhalten von Kindern und dem möglicherweise in diesem Zusammenhang ersichtlichen erzieherischen Bedarf. Damit hebt sich FIBS als Fachstelle für Kinderdelinquenz deutlich von der bisherigen Hilfelandschaft ab.

Bereits bei Bekanntwerden eines Falls ist, unter Einhaltung des Datenschutzes, der Austausch und die Zusammenarbeit mit dem Regionalen Familiendienst, Angeboten der Schulsozialarbeit oder der Jugendförderung sowie der Erziehungsberatung sinnvoll und notwendig, um vorhandenes Wissen zusammenzutragen, ein abgestimmtes Verfahren in Gang zu bringen und vorhandene Ressourcen bestmöglich zu nutzen.

Die Konzeptionierung einer Fachstelle soll nicht nur ein „Mehr“ desselben bieten, wenn es über eine Ersteinschätzung des Falls sowie Beratungskontakte hinaus geht. Ziel ist es, dass über das Bekanntwerden abweichenden Verhaltens die Bedarfssituation in der Familie geklärt wird und die Fachstelle weiterführende Maßnahmen und Hilfen mit der Familie abstimmt. Hierzu ist das Wissen um vorhandene Strukturen und Angebote notwendig, um für die Familie die passgenaue Unterstützungsform zu eruieren.

In diesem Zusammenhang lässt sich FIBS als Zugangsmöglichkeit für Familien zu bereits vorhandenen Hilfeleistungen verstehen. Die zentrale Aufgabe von FIBS ist nicht in erster Linie neue Angebote zu schaffen, sondern die Familien in bestehende Angebote zu vermitteln. FIBS kommt in diesem Zusammenhang eine zentrale Netzwerk- und Scharnierfunktion zu.

Das spezifische Aufgaben- und Kompetenzprofil von FIBS besteht darin:

- über spezifisches Wissen im Kontext von delinquenten Verhalten von Kindern zu verfügen;
- einfache Zugänge und abgestimmte Kooperationen im Zusammenspiel mit der Polizei zu ermöglichen;
- spezifische Beratungsangebote selbst vorzuhalten;
- andere Angebote im Bereich der Erziehungsberatung, Jugendarbeit und Schulsozialarbeit für die Arbeit mit Kinder im Bereich des delinquenten Verhaltens und den Eltern zu sensibilisieren.

Durch diese Scharnier- und Netzwerkfunktion qualifiziert FIBS die soziale Infrastruktur, um Kinder besser in das Norm- und Wertgefüge einer Gesellschaft zu integrieren und Eltern dabei zu unterstützen.

Abbildung 63: Scharnier- und Netzwerkfunktion von FIBS (eigene Darstellung)

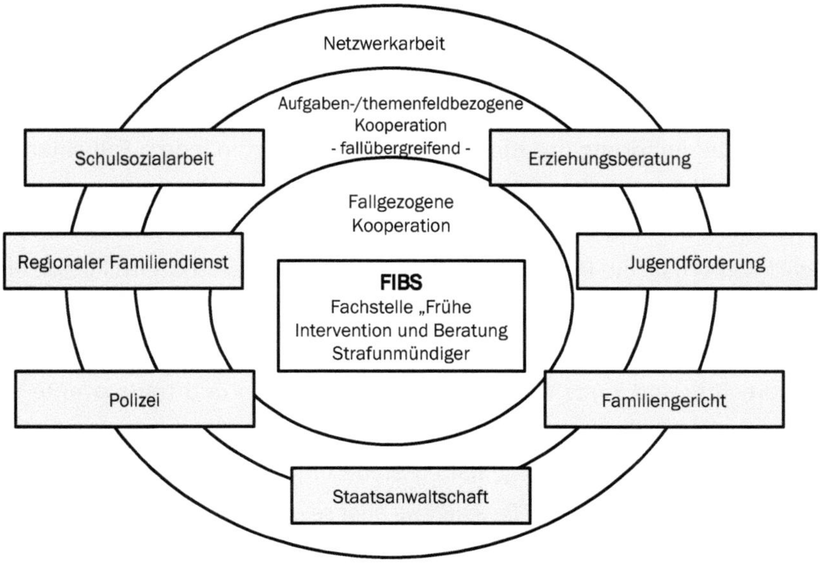

Die zentralen Kooperationspartner werden nachfolgend kurz skizziert.

Kooperation mit der Polizei

Durch die Ansiedelung im Haus des Jugendrechts ist der Grundstein für eine regelhafte Kooperation mit den Kolleginnen und Kollegen der Polizei gelegt. Der Polizei kommt eine Schlüsselrolle zu, da hier in vielen Fällen Wissen zu den Familien der tatverdächtigen Kinder gebündelt wird. Da in aller Regel zuerst die Polizei informiert wird und dadurch in den meisten Fällen ein direkter Kontakt mit den Eltern entsteht (beispielsweise wenn die Kinder nach Hause gebracht werden oder auch bei Einsätzen anlässlich von Familienkonflikten), hat die Polizei Einblick bzgl. des sozialen und familiären Hintergrunds der betroffenen Familie. Neben der Meldung an die Staatsanwaltschaft ist die Polizei nach der Polizeidienstverordnung berechtigt (und unter Umständen auch verpflichtet) das Jugendamt bei einem strafrechtlich relevanten Tatverdacht zu informieren.

Die Polizei informiert die Interventions- und Beratungsstelle FIBS im Rahmen einer Vollmeldung durch Weiterleitung der Ermittlungsakte sowie einen gesonderten Bericht. Bei einer besonderen Gefährdungslage erfolgt die Meldung persönlich durch den ermittelnden Polizeibeamten während oder direkt nach der Anhörung des Kindes. Die Polizei fertigt in jedem Fall einen Jugendamtsbericht. Der Jugendamtsbericht soll aussagekräftige Hinweise über die Reaktion der Eltern und das soziale Umfeld des Kindes enthalten. Nach Möglichkeit erhält die Polizei unter Berücksichtigung des Datenschutzes eine Rückmeldung über die eingeleiteten Maßnahmen der Jugendhilfe.

Durch die räumliche und konzeptionelle Ansiedlung von FIBS im Haus des Jugendrechts, sind kurze Wege, klare Zuständigkeiten und transparente Verfahren gegeben. Kooperationen bestehen auf der Einzelfallebene und darüber hinaus strukturell über die regelhaften Steuerungs- und Planungsgremien im Haus des Jugendrechts unter Beteiligung aller relevanten Akteure (Kinder- und Jugendhilfe, Polizei, Staatsanwaltschaft, Familiengericht).

Die Kooperation wurde im Rahmen des Projektes von allen Partnern als produktiv und zieldienlich eingeschätzt.

Kooperation mit der Staatsanwaltschaft

Die Staatsanwaltschaft stellt nach Erhalt des polizeilichen Abschlussberichtes alle Verfahren gegen Kinder wegen deren Schuldunfähigkeit gem. § 19 StGB ein. In begründeten Einzelfällen wird die Ermittlungsakte an das Familiengericht weitergeleitet oder zusätzlich die Fachstelle für Intervention und Beratung Strafunmündiger informiert. Als positiv wird insbesondere erlebt, dass die Staatsanwaltschaft bei der Konzeptionierung, Auswertung und Weiterentwicklung der Fachstelle beteiligt werden konnte.

Kooperation mit dem Regionalen Familiendienst

Sofern der Regionale Familiendienst im Fall involviert ist, wird er über die Einleitung polizeilicher Ermittlungen gegen Strafunmündige durch die Übersendung des Jugendermittlungsberichtes der Polizei über die Fachstelle selbst informiert. Sind die Erziehungsberechtigten beim Regionalen Familiendienst bekannt, nimmt die Beratungsstelle Kontakt mit dem zuständigen Sachbearbeiter auf und stimmt die weitere Vorgehensweise ab. Insbesondere wird abgeklärt, ob die Thematisierung/Bearbeitung des delinquenten Verhaltens im Rahmen des dortigen Beratungs-/Hilfe-prozesses erfolgen soll. Die Beratungs- und Interventionsstelle ist zuständig für die Entwicklung, Einleitung und Durchführung spezieller Maßnahmen als Reaktion auf alterstypische Formen kindlicher Delinquenz. Ergibt sich aus dem Beratungsprozess ein weitergehender Hilfebedarf, geht die Zuständigkeit an die Sozialen Dienste über. In wenigen Fällen ist eine weitergehende Kooperation zwischen den beiden Diensten über die Abklärung der Zuständigkeit hinaus notwendig gewesen; diese wurde dann als gewinnbringend bewertet.

Kooperation mit dem Familiengericht

Liegt ein Verdacht auf Kindeswohlgefährdung vor und wirken die Eltern nicht mit, regt die Beratungsstelle einen Erörterungstermin beim Familiengericht an.

Zeichnet sich eine Kindeswohlgefährdung ab, deren Schwerpunkt nicht im delinquenten Fehlverhalten liegt oder der mit den ambulanten Maßnahmen der Beratungsstelle nicht begegnet werden kann, und weitere familiengerichtliche Maßnahmen erforderlich werden, geht die Zuständigkeit an den Regionalen Familiendienst über.

Kooperation mit Schulen bzw. der Schulsozialarbeit

Der Kooperation mit der Schule und der Schulsozialarbeit kommt eine besondere Bedeutung zu. Insbesondere in den Fällen, bei denen ein Zusammenhang zwischen dem delinquenten Verhalten und einem unregelmäßigen Schulbesuch des Kindes besteht, nimmt die Beratungsstelle mit Einwilligung der Eltern Kontakt mit der Schule auf. Vorab wird geklärt, ob die Schulsozialarbeit bereits involviert, ist um das weitere Vorgehen miteinander abzustimmen.

Im Rahmen eines gemeinsamen Workshops mit der Fachstelle sowie Vertretern der Schulsozialarbeit wurden bestehende Angebote sowie mögliche Anknüpfungspunkte für FIBS erörtert. Im Einzelfall bietet es sich an, mithilfe der Kolleginnen und Kollegen aus der Schulsozialarbeit den Kontakt zu den Kindern und Familien herzustellen. Da in vielen Fällen bereits gute Kontakte bestehen und die Schulsozialarbeiter sehr präsent sind, kann der Zugang zu den Betroffenen deutlich erleichtert werden.

Durch ihre spezifische Kompetenz im Umgang mit Kinderdelinquenz eignet sich die Fachstelle zudem, um im Rahmen von Workshops Themen wie beispielsweise „Soziale Konfliktschlichtung" im Klassensetting zu bearbeiten. Hier sind auch gemeinsame Kooperationsstrukturen ausbaufähig.

Kooperation mit der Erziehungsberatung

Im Rahmen eines gemeinsamen Workshops mit der Fachstelle sowie Kolleginnen und Kollegen aus der Erziehungsberatung wurden bestehende Angebote sowie mögliche Anknüpfungspunkte erörtert.

Für die Fachstelle besteht jederzeit die Möglichkeit auf den Krisendienst der

Erziehungsberatungsstelle zurückzugreifen, wo in der Regel ein persönlicher Termin mit einem Beratungsgespräch innerhalb von ein bis zwei Tagen möglich ist. Außerdem ist ein Ansatzpunkt, dass Familien, bei denen ein größerer Beratungsbedarf absehbar ist, an die Beratungsstelle verwiesen werden. Sofern die Mitwirkungsbereitschaft der Eltern nicht ausreichend ist und das Kindeswohl nicht gesichert erscheint, obliegt es FIBS, auf die Inanspruchnahme von Beratungsleistungen hinzuwirken und sich mit der Erziehungsberatungsstelle zu koordinieren. Hier sollte geklärt werden, in welchen Fällen ein solches Vorgehen zu wählen ist und in welchen Fällen auf direktem Weg das Familiengericht hinzuzuziehen ist.

Zwischen dem Haus des Jugendrechts und der Erziehungsberatung liegen bereits Kooperationsvereinbarungen vor. Diese werden für das Angebot im Umgang mit Strafunmündigen erweitert und angepasst. Insgesamt wird die bisherige Kooperation als sehr gut bewertet.

Kooperation mit der Jugendförderung

Ein zentraler Anknüpfungspunkt sowohl in der Einzelfallarbeit wie auch in der gemeinsamen Präventionsarbeit liegt bei der Jugendförderung/Jugendarbeit. Im Rahmen von Workshops wurden konkrete Schnittstellen sowie gemeinsame Ansatzpunkte erarbeitet. Die Angebote der Jugendarbeit bieten für alle Kinder niedrigschwellige Zugangsmöglichkeiten zu Freizeit-, Kultur- und Bildungsangeboten.

Prävention im Bereich der Delinquenz von Kindern bedeutet, anregungsreiche Orte für Kinder zur Auseinandersetzung mit Normen und Werten zur Verfügung zu stellen. Dafür sind die Jugendhäuser aber auch die Angebote der Straßensozialarbeit (für bestimmte Zielgruppen) prädestiniert. Hier können Kinder im Rahmen ihrer jeweiligen Entwicklungsphase und ihrer je unterschiedlichen subjektiven Bewältigungsanforderungen lernen, was Normen und Werte im Zusammenleben mit Gleichaltrigen und Erwachsenen bedeuten und wie sie verändert werden können. Diese offene Bildungsarbeit kann die Fachstelle FIBS alleine nicht leisten. Vielmehr bietet sich über eine systematische Kooperation mit der Jugendförderung an, die auch im Rahmen der Jugendhilfeplanung abgesichert werden muss.

Fazit

Im Rahmen der wissenschaftlichen Begleitung von FIBS wurden mit allen Kooperationspartnern Workshops durchgeführt, um die Kooperationserfordernisse, die Schnittstellen und die Entwicklungspotentiale zu eruieren. Die Ergebnisse zeigen, dass die Fachstelle FIBS ihre Möglichkeiten zur Bearbeitung von delinquentem Verhalten von Kindern und die Unterstützung der Eltern nur entfalten kann, wenn sie in ein Netz unterschiedlicher Dienste und Angebote der Kinder- und Jugendhilfe eingebunden ist. Gleichzeitig kann die Fachstelle FIBS durch ihr spezifisches Wissen diese Angebote weiterqualifizieren und neue Möglichkeiten zur präventiven Bearbeitung von normabweichendem Verhalten sowie zur produktiven Bewältigung von Entwicklungsaufgaben im Sozialisationsprozess schaffen. Dazu allerdings muss die Fachstelle und die damit verbundenen Aufgaben und Ziele in Jugendhilfeplanungsprozesse eingebunden werden.

8. Zusammenfassung und Ausblick

Mit der Fachstelle Frühe Intervention und Beratung Strafunmündiger (FIBS) wird in Ludwigshafen ein bundesweit einmaliges Modellprojekt zur Weiter entwicklung der Kinder- und Jugendhilfe durchgeführt.

Delinquentem Verhalten von strafunmündigen Kindern wurde bislang fachlich und konzeptionell wenig Beachtung geschenkt. Es liegen nur wenige einschlägige Untersuchungen in der Kinder- und Jugendhilfe zum delinquenten Verhalten von Kindern vor. Fallen Kinder durch delinquentes und normabweichendes Verhalten auf, stellt sich die Frage nach der Zuständigkeit, da sie bis zum 14. Lebensjahr strafunmündig sind und damit nicht von der Justiz zur Rechenschaft gezogen werden können. Die Kinder- und Jugendhilfe als zuständige Instanz hat es bislang versäumt, adäquate Konzepte im Umgang mit dieser Zielgruppe zu entwickeln. Oftmals zeichnen sich „kriminelle Karrieren“ vor dem 14. Lebensjahr ab, ohne dass entsprechende Reaktionsweisen der beteiligten Institutionen folgen, so dass präventive Möglichkeiten ungenutzt bleiben.

Bereits die vorausgehende Evaluation des Ludwigshafener Haus des Jugendrechts (2005 bis 2007) verdeutlichte den hohen Anteil von delinquenten Kindern an allen zu untersuchenden Straftaten und dass es sich hierbei keineswegs um eine Randerscheinung handelt. So wurden etwa 18% aller Delikte (1.100) von Kindern begangen. Etwa 650 Kinder wurden in diesem Zeitraum über das Haus des Jugendrechts erfasst. In Ludwigshafen fallen weder mehr noch weniger junge Menschen durch delinquentes Verhalten auf, als in anderen Städten (vgl. Müller, Mutke, Wink 2008, S. 80 ff). Dennoch wurde deutlich, dass es einen dringenden Handlungsbedarf zur Weiterentwicklung der Fachpraxis im Umgang mit Kinderdelinquenz gab.

Im Zentrum stand die Umsetzung eines professionellen Umgangs mit Strafunmündigen, eine regelhafte Kooperation zwischen den beteiligten Institutionen sowie die Entwicklung und Erprobung niedrigschwelliger und präventiver Beratungs- und Interventionsansätze in Zusammenarbeit mit den Netzwerkpartnern im Sozialraum. Vor diesem Hintergrund wurde das Konzept FIBS als jüngste Weiterentwicklung des Ludwigshafener Haus des Jugendrechts über den Zeitraum von 20 Monaten durch das Institut für Sozialpädagogische Forschung Mainz gGmbH (ism) evaluiert. Mit der Implementierung des Projekts wurden weitreichende Zielsetzungen verbunden. Der vorliegende Bericht bündelt die zentralen Evaluationsbefunde.

Die Auseinandersetzung mit Werten und Normen als Bewältigungsaufgabe von Kindern

Die Fachstelle FIBS im Haus des Jugendrechts Ludwigshafen ist ein Instrument, mit dem auf die polizeiliche Auffälligkeit von strafunmündigen Kindern reagiert wird und entsprechende pädagogische Maßnahmen bei Bedarf angestoßen werden können. Die Bearbeitung von Kinderdelinquenz kann auf der einen Seite als genuin pädagogische Aufgabe betrachtet werden. Kinder und Jugendliche setzen sich in ihrer Entwicklung mit gesellschaftlichen Werten und Normen auseinander und lernen diese kennen. Werte können dabei als allgemeine Orientierungen für gutes Handeln und gesellschaftlich erwünschtes Verhalten verstanden werden. Diese allgemeinen Wertvorstellungen konkretisieren sich in Verhaltensregeln, also Normen. Werte und Normen haben dabei eine gesellschaftlich-politische Funktion. Sie strukturieren das Zusammenleben in der Gesellschaft und bilden die Grundlage des Rechtssystems. In diesem Sinne ist die Auseinandersetzung mit und Internalisierung von Normen ein zentraler Bestandteil des Aufwachsens und der Erziehung.

Für die Bearbeitung von Kinderdelinquenz ist die Frage von Interesse, wie Kinder und Jugendliche Normen und Werte einer Gesellschaft internalisieren. Im Laufe des kindlichen Entwicklungsprozesses sind Normverstöße und auch delinquentes Verhalten von Kindern Normalität. Die überwiegende Mehrheit von Kindern hat Erfahrungen mit delinquentem Verhalten und gehört dementsprechend „zum Erwachsenenwerden dazu“. Abweichendes Verhalten im Kindesalter ist damit „ubiquitär“ also allgemein verbreitet, solange sie sich auf leichte Formen der Kriminalität bezieht.

Die Internalisierung akzeptierter Verhaltensweisen ist essenziell für das gesellschaftliche Zusammenleben und damit auch genuiner Bestandteil von Erziehung, die junge Menschen zu eigenverantwortlichen und gemeinschaftsfähigen Mitgliedern der Gesellschaft hinführen will. In diesem Sinne ist es zunächst und zuvörderst Aufgabe der Eltern, diesen Prozess anzustoßen und zu begleiten. Da junge Menschen heute verstärkt in Räumen öffentlicher Verantwortung aufwachsen, wird es auch zur Aufgabe dieser Institutionen jungen Menschen Normen und Werten zu vermitteln, ihren Entstehungsprozess sichtbar zu machen und Möglichkeiten der Veränderung von Normen aufzuzeigen. Die Tatsache, dass junge Menschen Normen und Werte einer Gesellschaft erst erlernen und sich mit diesen auseinandersetzen müssen, spiegelt sich im Rechtssystem im Konzept der Strafmündigkeit sowie der Ausgestaltung eines speziellen Jugendstrafrechts wider. Die Strafmündigkeit ist eine gesetzliche Definition, die vorgibt, ab wann eine Person für eine strafrechtliche Tat die Verantwortung übernehmen muss. Sie beginnt in Deutschland mit 14 Jahren. Kinder, die noch nicht 14 Jahre alt sind, sind schuldunfähig und dementsprechend strafunmündig (vgl. § 19 StGB).

Die Bearbeitung von Kinderdelinquenz als Aufgabe der Kinder- und Jugendhilfe

Die vorliegenden Studien machen deutlich, dass delinquentes Verhalten im Kindesalter ein weit verbreitetes Phänomen ist und entwicklungspsychologisch wie sozialisationstheoretisch gut zu erklären ist. Gleichzeitig ist normabweichendes Verhalten in Kindheit und Jugend mithin auch ein Indikator für erzieherischen Handlungsbedarf und gibt in bestimmten Fällen erste Hinweise auf mögliche problematische Entwicklungsverläufe.

Da im Falle der Delinquenz von Kindern die Justiz nicht zuständig ist, handelt es sich hier um eine originäre Aufgabe der Kinder- und Jugendhilfe. Grundlage für eine Jugendhilfeleistung ist nicht die Straftat, sondern der eventuell deutlich werdende Hilfebedarf. Die Kinder- und Jugendhilfe hebt die genuin sozialpädagogische Sichtweise auf normabweichendes Verhalten hervor und vertritt diese gegenüber anderen Systemen.

In dem Kinderdelinquenz als Anlass gesehen wird, pädagogisch tätig zu werden und der Hilfebedarf des jungen Menschen und seiner Eltern in den Mittelpunkt gerückt wird, wird eine bedeutsame Aufgabe der Kinder- und Jugendhilfe markiert. Um sie bestmöglich zu bearbeiten, ist der Einbezug der Eltern ebenso unabdingbar wie die Kooperation mit Schulen, Polizei und anderen Akteuren im Stadtteil. Die Fachstelle Frühe Intervention und Beratung Strafunmündiger (FIBS) zielt auf die Bearbeitung dieser pädagogischen Aufgaben.

Das Aufgabenprofil der Fachstelle – Frühe Intervention und Beratung Strafunmündiger (FIBS)

FIBS ist eine einzelfallbezogene Anlaufstelle für delinquente Kinder, Eltern und Polizei

Mit der Einrichtung des Fachdienstes FIBS wurde mit der Polizei eine Vereinbarung getroffen, dass alle Kinder, denen delinquente Handlungen vorgeworfen werden und eine Intervention der Polizei erfolgte, auch der Fachstelle gemeldet werden. Mit Hilfe eines standardisierten Informationsvermerks erfolgt eine einheitliche Weitergabe von relevanten Daten. In bestimmten Fällen kann auch eine dienstübergreifende Fallberatung durchgeführt werden. FIBS nimmt „Erst"-Beratungs- und auch Clearingfunktionen wahr, um, sofern sich ein weiterer erzieherischer Bedarf zeigt, qualifiziert an andere Dienste und Institutionen zu vermitteln.

FIBS als einzelfallübergreifende Netzwerk- und Scharnierstelle

Wenn es bei dem Thema Kinderdelinquenz nicht nur darum gehen soll, quasi reaktiv nach einzelnen Vorkommnissen Probleme und normabweichendes Verhalten von Eltern und Kindern zu bearbeiten, sondern insgesamt förderliche Bedingungen für die Entwicklung eines moralischen Bewusstseins in einer fairen und demokratischen Gesellschaft zu schaffen, dann müssen alle Institutionen die es mit Kindern zu tun haben an dieser Aufgabe mitwirken. FIBS erfüllt in diesem Zusammenhang eine Netzwerk- und Scharnierfunktion wenn es darum geht, für diese Aufgabe zu sensibilisieren und Schnittstellen zu gestalten. Zum Beispiel zeigen sich in der Erziehungsberatung, Schulsozialarbeit und Jugendarbeit wichtige Kooperationspartner mit Hilfe derer Lernarrangements für Kinder und Eltern im Bereich der moralischen Bewusstseinsbildung bzw. einzelfallbezogene pädagogische Settings in Normalinstitutionen geschaffen werden können. FIBS übernimmt in diesem Bereich koordinierende, kooperierende und planende Aufgaben.

FIBS als Fachberatungs- und Informationsstelle

Nicht alle Fachdienste der Kinder- und Jugendhilfe können sich vertiefend mit allen Fachfragen rund um Erziehung, Hilfe und Bildung sowie die auftretenden Probleme und Bewältigungsaufgaben von Kindern und Familien beschäftigen. In diesem Zusammenhang kommt dem Fachdienst FIBS die Aufgabe zu, die erforderlichen Spezialkenntnisse zu sammeln und in unterschiedlicher Form (Tagungen, Fortbildungen, Arbeitsgruppen, Papiere) für andere Dienste in der Sozialen Infrastruktur aufzubereiten. An dieser Stelle handelt es sich bei FIBS um einen Spezialdienst, der spezielle Informationen und Wissensbestände sammelt und als anerkannter Fachdienst einer interessierten Fachöffentlichkeit bekannt macht.

Empirische Befunde zur Kinderdelinquenz in Ludwigshafen und zur Arbeit der Fachstelle FIBS

Etwa 2% der Kinder werden in Folge normabweichender Handlungen auffällig

Im Erhebungszeitraum der wissenschaftlichen Begleitung (01/2011 bis 03/2012) wurden 380 strafunmündige Kinder aufgrund von vorgeworfenen delinquenten Handlungen durch die Polizei bei der Fachstelle FIBS gemeldet. Diesen Kindern wurden 488 delinquente Handlungen zur Last gelegt. Bezogen auf alle Ludwigshafener Kinder unter 14 Jahre treten rund 18 von 1.000 Kindern dieser Altersgruppe durch delinquente Handlungen in Erscheinung. Das bedeutet, dass etwa 2% der Kinder durch bestimmte normabweichende Handlungen bei der Polizei gemeldet werden. Umgekehrt lässt sich daraus aber auch die Schlussfolgerung ziehen, dass 98% aller Kinder nicht durch delinquente Verhaltensweisen auffällig werden. Das Ausmaß an Kinderdelinquenz ist in Ludwigshafen nicht höher als in anderen Städten. Dennoch wird deutlich, dass bei 380 Kindern, denen knapp 500 delinquente Handlungen vorgeworfen werden, konzeptioneller Handlungsbedarf in der Kinder- und Jugendhilfe besteht, um strukturell auf dieses Phänomen zu reagieren.

Kinderdelinquenz zeigt sich schwerpunktmäßig bei den 12- und 13-Jährigen und in den Stadtteilen Ludwigshafens unterschiedlich starke Ausprägungen

Betrachtet man die Altersstruktur der bei Polizei und FIBS registrierten Kinder liegt der Schwerpunkt bei den 12- und 13-Jährigen Kindern, die zusammengenommen mehr als die Hälfte der Tatverdächtigen stellen. Wie schon in den vorangegangenen Untersuchungen zum Haus des Jugendrechts aufgezeigt wurde, handelt es sich bei den delinquenten Kindern überwiegenden um Jungs (81%) und nur zu einem geringen Anteil um Mädchen (19%).

Die Delinquenzbelastung der Kinder streut in den Ludwigshafener Stadtteilen erheblich. In den drei Stadtteilen Pfingstwiese, Mitte und Nord/Hemshof fällt bei den dort wohnhaften Kindern etwa jedes 10. Kind im Alter zwischen 10 und 14 Jahren durch eine delinquente Handlung auf. Aber auch in Mundenheim, West und Süd liegen die Kinderdelinquenzquoten bei ca. 8% der 10- bis 14-Jährigen. Am unteren Ende befinden sich Maudach, Ruchheim und Rheingönheim mit Werten unter 4%.

Die vorliegende Studien zur Kinderdelinquenz weisen darauf hin, dass die Entstehung, das Ausmaß und der Verlauf von normabweichendem delinquenten Verhalten in einem multifaktoriellen Zusammenspiel von soziostrukturellen Rahmenbedingungen, den familialen Ressourcen und Beziehungen, dem

Einfluss von Peers sowie den institutionellen Reaktionsformen und individuellen Faktoren gesehen werden muss. Insbesondere bei Kindern tritt delinquentes Verhalten vor allem in Gruppenzusammenhängen auf. Auch in Ludwigshafen wurden zwei Drittel aller Taten (66,2%) in der Gruppe bzw. zusammen mit anderen verübt. Neben der Familie ist demnach der Einfluss der Peers von zentraler Bedeutung, sowohl was die Entstehungskontexte von Delinquenz wie auch deren Bearbeitung angeht. Auch wenn es keine eindeutigen Erklärungen zu den unterschiedlichen Delinquenzbelastungen von Kindern in den Stadtteilen gibt, so verweisen die vorliegenden Daten jedoch auf sozialräumliche Ansatzpunkte für die Kinder- und Jugendhilfe.

Kinderdelinquenz tritt in bestimmten Familienkonstellationen häufiger auf

Auch wenn öffentlich verantwortete Einrichtungen wie Kindertagesstätten und Schulen im Lebenslauf von Kindern eine immer bedeutsamere Rolle spielen, so ist die Familie nach wie vor der wichtigste Sozialisationsort. Vor diesem Hintergrund wurde auch im Rahmen der FIBS-Evaluation die familialen Rahmenbedingungen untersucht. Etwa 50% der tatverdächtigen Kinder leben bei ihren leiblichen Eltern. Weitere ca. 21% bei einem leiblichen Elternteil mit Partner und knapp 7% bei einem alleinerziehenden Elternteil. Etwa 2% der Kinder lebten zum Zeitpunkt der vermeintlichen Tat in einer Einrichtung der Jugendhilfe oder in einer Pflegefamilie.

Auffallend bei der Datenanalyse ist ferner, dass es sich bei den betroffenen Familien vor allem um kinderreiche Familien handelt. In ca. 60% der Fälle leben zum Tatzeitpunkt drei und mehr Kinder in der Familie. Hier zeigt sich eine deutliche Überrepräsentanz im Vergleich zum Bevölkerungsschnitt.

Obwohl Kinderdelinquenz eher ein universelles und entwicklungsbezogenes Phänomen darstellt, so verweisen die vorliegenden Daten darauf, dass die familialen Rahmenbedingungen eine bedeutsame Rolle spielen. Führen instabile, konflikthafte oder irritierende familiale Beziehungsmuster und Erziehungsstile eher zu normabweichenden delinquenten Verhalten, dann muss es

Aufgabe der Kinder- und Jugendhilfe sein, beratend, unterstützend und stabilisierend darauf einzuwirken. Die Aufgabe des Fachdienstes FIBS kann also darin bestehen, zusammen mit den Eltern und dem betreffenden Kind an konstruktiven Bearbeitungsstrategien zu arbeiten.

In etwa 30% aller Fälle wird die Familie bereits durch den Regionalen Familiendienst betreut und in fast 15% der Fälle erhält die Familie zum Zeitpunkt der Erfassung der delinquenten Handlungen des Kindes bereits eine erzieherische Hilfe (§§ 27ff. SGB VIII)

Stellt sich heraus, dass ein bestimmter Anteil von Familien bereits Leistungen der Kinder- und Jugendhilfe erhalten, so geben die Daten gleichzeitig Aufschluss über mögliche Unterstützungsbedarfe bei der Bearbeitung von Lebenslagen- und Beziehungsproblemen. Sind bereits andere Dienste der Kinder- und Jugendhilfe in den Familien tätig, so liegt hier ein Hinweis für den Fachdienst FIBS vor, eine Schnittstellen- und Zuständigkeitsklärung vornehmen zu müssen. In über der Hälfte der Fälle (59,9%) war das Kind oder die Familie dem Jugendamt noch nicht bekannt. In jedem Dritten Fall wurde die Familie bereits durch den regionalen Familiendienst betreut und in ca. 5% der Fälle hatte die Schulsozialarbeit bereits Kontakt zum Kind. In jedem sechsten Fall lagen beim Fachdienst FIBS bereits Informationen zumeist bzgl. weiterer delinquenter Handlungen vor.

In den Fällen, bei denen noch kein Kontakt zum Jugendamt bestand, stellt der Fachdienst FIBS ein mögliches Zugangstor zu Beratung oder ggf. erzieherischen Hilfen dar. In vielen Fällen reicht eine niedrigschwellige Beratung der Familie aus, um über delinquentes Verhalten der Kinder aufzuklären bzw. weitgehende Hinweise zu möglichen Unterstützungsstrukturen zu geben (z. B. Erziehungsberatung, Familienbildung). In allen anderen Fällen mit deutlichen Hinweisen auf erzieherische Probleme oder fehllaufende Bewältigungsstrategien kann FIBS in Kooperation mit dem regionalen Familiendienst auf die Inanspruchnahme einer erzieherischen Hilfe hinwirken.

Der Anteil delinquenter Kinder mit Migrationshintergrund liegt nur wenig über ihrem Bevölkerungsanteil

Von allen gemeldeten Kindern haben 60,4% einen Migrationshintergrund. Ein Migrationshintergrund liegt dann vor, wenn das Kind bzw. mindestens ein Elternteil nicht die deutsche Staatsbürgerschaft hat. Als Migrationshintergrund gilt auch, wenn das Kind bzw. mindestens ein Elternteil nach Deutschland zugewandert ist, durch Einbürgerung aber die deutsche Staatsbürgerschaft vorliegt. Der „Migrationshintergrund" ist weder ein soziologisch eindeutiger Indikator zur Beschreibung einer Personengruppe, noch erklärt dieses Merkmal das Ausmaß von Delinquenz (vgl. Hamburger 2009). Die Daten zeigen, dass Kinder mit Migrationshintergrund eine sehr relevante Zielgruppe für den Fachdienst FIBS darstellen. Der Anteil delinquenter Kinder mit Migrationshintergrund liegt aber nur wenig über ihrem Bevölkerungsanteil. Ludwigshafener Kinder mit Migrationshintergrund sind nicht delinquenter als Kinder ohne Migrationshintergrund.

Kinderdelinquenz umfasst im Wesentlichen „leichte" und einmalige Vergehen

Fallen Kinder durch delinquente Handlungen auf, dann häufig nur einmal und durch „leichte" Vergehen wie Diebstahl in Kaufhäusern, Rangeleien und „Schwarzfahren". Im Erhebungszeitraum wurden in Ludwigshafen 490 delinquente Handlungen registriert, die mit Kindern in Verbindung gebracht wurden. Dabei handelt es sich wie zu erwarten bei jeder 4. Tat um einen Ladendiebstahl. Ebenso häufig wurden Kinder wegen Körperverletzung bei der Polizei vorstellig. Sachbeschädigungen waren bei jeder 7. Tat Gegenstand der Intervention, Beleidigungen und Eigentumsdelikte bei etwa jeder 10. Tat. Alle anderen Deliktarten spielen bei Kindern keine nennenswerte Rolle.

Die Ausprägung von Kinderdelinquenz zeigt zwischen den Schulen große Unterschiede

Die Unterschiede bei der Ausprägung von Kinderdelinquenz sind bei den Schulen fast noch deutlicher als bei den Stadtteilen. Die erfassten Kinder konnten im Rahmen der Erhebung auch den Schulen zugeordnet werden. An zwei Schulen beträgt der Anteil von Kindern, die durch normabweichendes Verhalten auffällig wurden über 10%. In weiteren vier Schulen liegt der Anteil an gemeldeten Kindern zwischen 7 und 9%. In elf Schulen hingegen liegt die Kinderdelinquenzquote unter 2%.

Diese Befunde eigenen sich vor allem für die Konzeptentwicklung und die Ausgestaltung der Schnittstelle zur Schulsozialarbeit. Vor allem an den Schulen, wo delinquentes Verhalten von Kindern keine Einzelerscheinung darstellt, ließen sich Angebote in Kooperation mit Lehrern und Lehrerinnen regelhaft installieren, die die Entwicklung des moralischen Bewusstseins fördern.

Tätigkeiten und Arbeitsabläufe von FIBS

Rund 80% aller Eltern nehmen das freiwillige Beratungsangebot in Anspruch

Im Projektzeitraum wurden von der Fachstelle FIBS 390 Fälle von Kinderdelinquenz bearbeitet, denen etwa 500 Taten zur Last gelegt wurden. Geht bei der Fachstelle FIBS eine polizeiliche Meldung ein, erfolgt ein Einladungsschreiben mit einem Beratungs-/Gesprächsangebot an die Familie. Bei mehrfach auffälligen bzw. bereits bekannten Familien oder bei besonders schweren Delikten wird das Beratungsangebot bereits mit einem Terminvorschlag versehen (59,7%).

Die Ergebnisse zur Inanspruchnahme des freiwilligen Beratungsangebotes sind überraschend. Lediglich in 21% der Fälle kam kein Kontakt zur Familie zu Stande. Da es sich bei einer nicht geringen Anzahl um einmalige Bagatelldelikte handelte, ist diese Quote der Nicht-Inanspruchnahmen eines Gesprächsangebots durchaus nachvollziehbar. Rund 80% der angeschriebenen Eltern haben das Angebot in Anspruch genommen, zumeist mit einem Beratungsgespräch (70,3%). In ca. 9% der Fälle gab es drei und mehr Termine, insbesondere wenn neben der Beratung noch soziale Konfliktschlichtungen oder Vermittlungen zu anderen Institutionen durchgeführt wurden.

In fast jedem 7. Gespräch äußerten Eltern Hilfebedarf, weil sie im Erziehungsverhalten verunsichert oder auch Ängste bezüglich der weiteren Entwicklung des Kindes äußerten. In etwa jedem 10. Fall verhielten sich die Eltern ablehnend oder hatten Angst vor staatlichen Reaktionen.

In etwa der Hälfte der Fälle wurden über das Beratungsgespräch hinaus noch weitere Maßnahmen durchgeführt

Ein Informationsabgleich mit dem regionalen Familiendienst fand in ca. 41% dieser Fälle statt. In weiteren ca. 28% der Fälle wurde durch den Fachdienst eine soziale Konfliktschlichtung durchgeführt. In jedem 10. Fall wurde ein Gespräch mit der Schule anberaumt. In ebenfalls rund 10% der Fälle wurden in unterschiedlichen Konstellationen Fallberatungen durchgeführt (z. B. Helferkonferenz, Regionale Fachkonferenz, Fallberatung FIBS). Die Daten illustrieren sehr anschaulich das einzelfallbezogene Profil der Fachstelle FIBS. Als Anlauf- und Beratungsstelle, als Vermittlungsinstanz und Scharnierstelle sowie als Fachberatungsdienst hat sich dieser Fachdienst an der Schnittstelle von Regionalem Familiendienst, Jugendhilfe in Strafverfahren und Polizei gut in die Strukturen eingeführt.

Kinderdelinquenz und zeitnahe Reaktionen: In jedem 10. Fall findet eine Beratung schon innerhalb der ersten Woche statt

Ein weiteres Ziel, dass mit der Einrichtung der Fachstelle FIBS verbunden war, bezieht sich auf die Durchführung zeitnaher Reaktionen aller staatlichen Akteure auf die delinquente Handlung des Kindes. Da es sich um erzieherische Interventionen handelt, muss im kindlichen Zeitempfinden eine Verbindung mit

Tat und Reaktion noch möglich sein. Um Zeitnähe zu gewährleisten, müssen die Arbeitsabläufe von Polizei und Jugendhilfe abgestimmt werden. Geht beim Fachdienst FIBS eine Meldung ein, erfolgt in jedem 10. Fall schon innerhalb der ersten Woche eine Beratung, in ca. 41% der Fälle kann es bis zu vier Wochen und in 34% der Fälle bis zu acht Wochen dauern. Von der Tat bis zur Meldung beim Fachdienst FIBS vergehen in einem Drittel der Fälle weniger als vier Wochen. In einem weiteren Viertel der Fälle kann es bis zu zwei Monate dauern. Bei einem weiteren Drittel braucht die Meldung länger als drei Monate.

30% der Kinder fallen mehrfach durch delinquentes Verhalten auf

In ca. 70% der Fälle wurde dem Kind im Erhebungszeitraum von 15 Monaten ebenfalls nur eine delinquente Handlung zur Last gelegt und bis dahin war das Kind der Polizei auch noch nicht bekannt. Gleichzeitig bedeutet dies, dass in knapp 30% der Fälle zwei und mehr delinquente Handlungen Gegenstand der Intervention waren bzw. das Kind der Polizei bereits bekannt war.

Fallen Kinder mehrfach polizeilich auf, sind dies keineswegs nur „schwere" Taten. Es finden sich auch hier vermehrt kinder- und jugendtypische Verhaltensweisen wie „Schwarzfahren" (Leistungserschleichung) (in 4,9% der Fälle) und Ladendiebstähle (20,9%). Seltener finden sich Körperverletzung (20,6%) und Sachbeschädigung (10,8%). Umgekehrt fallen die Kinder vermehrt durch Beleidigung und Bedrohung (15,7%) sowie durch Eigentumsdelikte (14,7%) auf. In über zwei Drittel aller Fälle wurde die vorgeworfene delinquente Handlung nicht alleine, sondern mit anderen zusammen verübt. Mehrfachauffällige Kinder sind in über zwei Drittel aller Fälle dem Jugendamt bereits bekannt.

Bei den Tätigkeiten der Fachstelle zeigen sich deutliche Unterschiede zwischen der Gruppe der einfach und der mehrfach auffälligen Kinder. Insbesondere im Vorfeld gab es in über der Hälfte der Fälle zusätzliche Abstimmungsprozesse und Informationen bei anderen Diensten wurden eingeholt.

In über drei Viertel aller Fälle fanden ein bis zwei Beratungen statt, in 10,4% der Fälle waren es sogar drei und mehr Beratungen. Das Angebot der

Interventionsstelle FIBS variiert also in Abhängigkeit des Bedarfs der Familie von einer Einmalberatung zur Information und Aufklärung der Familien bis hin zu einer längerfristigen Beratung.

Die Befunde zeigen, dass sich die Eltern – sowohl diejenigen der einfach als auch diejenigen der mehrfach auffälligen Kinder – in aller Regel beratungsoffen zeigen. Auffällig ist, dass die Eltern von mehrfach auffälligen Kindern überproportional häufig Hilfebedarf äußerten (23,8% im Vergleich zu 14,8%) und auch Ängste um das Kind benennen (20,6% im Vergleich zu 10,1%). Diese Eltern scheinen das Angebot der Interventionsstelle gut annehmen zu können und nur ein kleiner Teil zeigt sich ablehnend gegenüber dem Angebot (1,6%). Hier ist es den Fachkräften gut gelungen, die Eltern zu erreichen und einen offensichtlichen Unterstützungsbedarf aufzugreifen.

Aus der Sicht der Fachkräfte wird das Beratungsangebot von Eltern und Kindern gut angenommen.

Die Bewertung der Fachkräfte, so lässt sich zusammenfassend resümieren, fällt für den Großteil der Beratungen positiv aus. Das Angebot scheint aus Sicht der Fachkräfte von Eltern und Kindern gut angenommen zu werden, was sich in einer grundsätzlichen Offenheit für das Beratungsangebot, einer hohen Mitwirkungsbereitschaft und aktiven Beteiligung sowie dem Erreichen der gesetzten Ziele zeigt. Dennoch scheint es eine kleine Gruppe an Eltern und Kindern zu geben, die wenig bis kein Interesse an dem Angebot zeigen, Angst vor staatlicher Repression haben und nur schwer zu beteiligen und zu einer aktiven Mitwirkung bereit sind.

Eltern erleben die Unterstützung durch FIBS als hilfreich

Befragt man die Eltern nach ihrer Einschätzung des Beratungsangebotes, sind die Angaben ähnlich positiv wie die Bewertungen der Fachkräfte. Analog zur Beratungsoffenheit geben jeweils rund 80% der Eltern an, dass die Unterstützung durch das Jugendamt bzw. die Fachstelle für Intervention und Beratung Strafunmündiger hilfreich für sie sei, aber auch für ihr Kind. Einig sind sich beinahe alle befragten Eltern, dass es richtig ist, dass das Jugendamt sich um diese Fälle kümmert und in diesem Zuge die Eltern und Kinder zu einem gemeinsamen Klärungsgespräch eingeladen hat. Die Aufgaben der Mitarbeiter der Fachstelle sind für den Großteil der befragten Eltern ebenfalls hinreichend transparent.

Als hilfreich erlebten die Eltern, dass sie durch den Kontakt zum Jugendamt nun einen Ansprechpartner kennen, an den man sich wenden kann, falls man Unterstützung in Erziehungsfragen braucht. Positiv bewertet wurde auch von rund 40% der Befragten, dass sie sich als Mutter und Vater verstanden fühlten. Die Vermittlung von bzw. die Information über weitere Unterstützungsangebote war für 36% bedeutsam. Rund 17% der Eltern gab an, dass endlich mal jemand zugehört habe. Nur wenige Familien konnten zum Befragungszeitpunkt keinen nennenswerten Gewinn aus dem Angebot ziehen. Bei all diesen Antworten wird deutlich, dass der besondere Wert der Fachstelle darin liegt, ein niedrigschwelliges Beratungsangebot für Eltern bereitzustellen.

Für Kinder ist es wichtig, dass sie erklären können, was passiert ist

Die Einschätzung des Beratungsangebotes durch die Kinder fällt ebenso positiv aus, wie die der Eltern. Die Kinder durften Schulnoten von 1 bis 6 (sehr gut bis ungenügend) vergeben und das Angebot der Fachstelle einschätzen. Insgesamt zeigt sich, dass 60% der Kinder die Schulnote „sehr gut“ und 27,4% der Kinder die Schulnote „gut“ vergeben haben. Die Schulnoten „befriedigend“ und „ausreichend“ wurden in 12,3% der Fälle vergeben. Schlechtere Bewertungen gab es keine.

Auf die Frage, was die Kinder an dem Beratungsgespräch durch die Fachstelle am meisten schätzten bzw. in kindgerechter Sprache „am besten fanden“, gaben annähernd zwei Drittel der Kinder an, dass für sie die Möglichkeit, zu erklären, was passiert ist, am wichtigsten war. Deutlich wird, dass auch Kinder es wertschätzen, wenn sie ihre Sicht der Dinge darlegen können und man ihnen zuhört. Explizit angegeben haben dies knapp 40% der Kinder. Über die Hälfte der befragten Kinder gibt an, dass sie nun wissen würden, „was sie jetzt anders machen können". Insbesondere aus präventiven Gesichtspunkten ist dieser Punkt hervorzuheben.

Die kritischen Rückmeldungen der Kinder bezogen sich weniger auf das Beratungsgespräch selbst, sondern in erster Linie auf die Gefühle der Kinder in Verbindung mit der (vorgeworfenen) delinquenten Handlung. Etwa ein Viertel der Kinder schämt sich für das, was vorgefallen war. Ein Fünftel hatte Angst vor möglichen Konsequenzen, aber auch vor der unbekannten Situation. Umgekehrt scheint es für viele Kinder wichtig zu sein (rund ein Drittel), die Eltern als stützende Instanz in der Beratungssituation dabei zu haben.

Wenn es die Fachstelle FIBS nicht gäbe, so müsste man sie erfinden!

Die vorliegenden Evaluationsergebnisse zeigen, dass es gelingende Ansätze im Umgang mit delinquentem Verhalten von Kindern geben kann. Ebenso wird auch deutlich, dass die Konzeption einer Fachstelle, die sich mit den spezifischen Fragen, Erscheinungsformen und Bearbeitungsmöglichkeiten des normabweichenden Verhaltens von Kindern beschäftigt, voraussetzungsvoll ist.

In Ludwigshafen lagen mit dem Haus des Jugendrechts günstige Rahmenbedingungen vor, um geeignete professionelle Konzepte, Verfahren und Organisationsstrukturen zu schaffen. Im Rahmen der Konzeptentwicklung für die Fachstelle FIBS war von Anfang an sehr klar, dass es sich bei der Bewertung von delinquentem Verhalten von Kindern um (sozial-)pädagogische Aufgaben handelt, die entsprechend im Erziehungsgeschehen von Eltern bzw. als Angebot der Kinder- und Jugendhilfe angesehen werden müssen. Ebenso klar war bei den Konzeptüberlegungen auch, dass delinquentes Verhalten von Kindern "quasi" normal ist, wenn die Auseinandersetzung mit Werten und Normen, deren Aneignung und Veränderung, zu jedem Erziehungs- und Sozialisationsprozess dazu gehört.

Insofern muss an jede Konzeption einer solchen Fachstelle bzw. Handlungsstrategie die Leitfrage gestellt werden, inwiefern sie geeignete ist die Entwicklung des moralischen Bewusstseins von Kindern sowie die Erziehungskompetenz der Eltern zu fördern ohne zu stigmatisieren oder nur zu sanktionieren.

Insbesondere bei Kinder gilt, den Blick nicht nur darauf zu richten, welche "Probleme" sie durch normabweichendes Verhalten machen, sondern welche Entwicklungsaufgaben, Bewältigungsstrategien oder "Probleme" sie haben.

Die Fokussierung auf das Thema Kinderdelinquenz hat immer zwei Seiten. Zum einen besteht die Gefahr, dass "normale" normabweichende Verhaltensweisen kriminalisiert werden und darüber insgesamt die Kontroll- und Sanktionserwartungen auch bei Kindern erhöht werden. Zum anderen besteht allerdings die Notwendigkeit, dass mit Kindern am Wert- und Normsystem einer Gesellschaft gearbeitet wird, insbesondere dann, wenn sie es noch nicht verstehen, durch Grenzüberschreitungen austarieren, inwiefern es veränderbar ist oder in einer pluralen Welt gar konkurrierende Werte und Normen vorliegen.

Da Kinder heute den größten Teil ihres Entwicklungsprozesses in öffentlich verantworteten Institutionen wie Kindertagesstätten und Ganztagsschulen durchlaufen, muss auch hier die Auseinandersetzung mit Normen und Werten regelhaft stattfinden. Zuvorderst gilt es aber auch die Eltern im Erziehungsverhalten im Umgang mit Normvorstößen zu stärken.

Das Arbeitsprofil der Fachstelle FIBS berücksichtigt diese fachlichen Anforderungen. Über das regelhafte Beratungsangebot für Eltern und Kinder werden Gelegenheiten für eine zeitnahe Fachberatung zur Stärkung der Elternkompetenzen angeboten und von den Betreffenden angenommen. Als Netzwerkstelle werden die Nachteile eines Spezialdienstes für delinquente Kinder wieder aufgehoben, in dem die Regelstrukturen systematisch eingebunden und qualifiziert werden (Jugendarbeit, Erziehungsberatung, Schulsozialarbeit). Eine enge Kooperation und transparente Vereinbarungen mit dem Regionalen Familiendienst des Jugendamtes verhindern Doppelbetreuungen bzw. ermöglichen abgestimmte Hilfeprozesse. Die Rückmeldungen und Bewertungen der Eltern zeigen, dass ein solches Beratungsangebot notwendig und hilfreich ist. Zudem zeigt sich hier ein ganz zentraler Ansatzpunkt für Prävention. Je früher Eltern im Umgang mit krisenhaften Erziehungsprozessen unterstützt werden und je früher Kinder alternative Bewältigungsstrategien erlernen können, desto eher können auch verfestigte normabweichende Handlungsmuster vermieden werden. Im Ludwigshafen wurden erste Ansätze entwickelt und erfolgreich erprobt.

Nach dem Ende der Modellprojektzeit steht eine Überprüfung und Weiterentwicklung der erarbeiteten Ansätze in den Regelstrukturen an. Dazu gehört in weiteren Schritten die Erarbeitung von Qualitätsstandards für die einzelnen Arbeitsschwerpunkte und eine damit verbundene Personalausstattung ebenso wie der Ausbau der Kooperationsstrukturen zu Schulen, zur Schulsozialarbeit, der Jugendarbeit, den Beratungsstellen, der Familienbildung und den Hilfen zur Erziehung.

Das erfordert wiederum eine Einbindung in Jugendhilfeplanungsprozesse und eine unterstützende Jugendhilfepolitik. Die Ludwigshafener Fachstelle FIBS gehört zu den wenigen Praxisansätzen bundesweit, die konkret erfahrbar machen, wie ein gezieltes und fachlich reflektiertes Präventionsangebot funktionieren kann.

Delinquenz im Kindes- und Jugendalter – Kooperation mit Polizei und Justiz als Herausforderung für die Kinder- und Jugendhilfe

VON BERND HOLTHUSEN

Dass Kinder und Jugendliche im Verlauf des Aufwachsens gegen Strafnormen verstoßen, ist im statistischen Sinne normal und in der Regel vorübergehend oder in den Worten der Kriminologie ubiquitär und episodenhaft. Ein Teil der Taten wird der Polizei und der Justiz bekannt und eine nicht kleine Zahl von Kindern und Jugendlichen sind in der Folge in Ermittlungs- und Strafverfahren involviert. Die Kinder- und Jugendhilfe (KJH) hat hier die Aufgabe, die Kinder, die Jugendlichen und deren Familien zu unterstützen und anlässlich der (vermeintlichen) Straffälligkeit zu prüfen, ob ggfls. ein erzieherischer Bedarf besteht. Zur Wahrnehmung dieser Aufgaben ist eine gute Kooperation der KJH mit der Polizei und mit dem Jugendgericht notwendig. In den letzten Jahrzehnten hat sich diese Kooperation beständig weiterentwickelt, sowohl in den Regeldiensten als auch in Form von Modellprojekten, wie etwa den vieldiskutierten „Häusern des Jugendrechts“. In dem folgenden Beitrag wird ein Überblick über diese Entwicklungen und die damit verbundenen Herausforderungen gegeben.

1. Einleitung

Nach der Strafverfolgungsstatistik wurden im Jahr 2012 über 90.000 unter 21jährige nach dem Jugendstrafrecht verurteilt (Statistisches Bundesamt, 2014, S. 24f.) und im Jahr 2013 zählte die Polizeiliche Kriminalstatistik rund 450.000 Kinder und Jugendliche (unter 21 Jahren) als tatverdächtig (BKA, 2014, S. 51). Aus der Adressatenperspektive der betroffenen Kinder, Jugendlichen und deren Familien sind es sehr häufig einschneidende Ereignisse, von der Polizei einer Straftat verdächtigt, bei einer Straftat gestellt zu werden oder vor einem Jugendgericht zu stehen und ggfls. verurteilt zu werden. Entsprechend ist hier die KJH gefordert – insbesondere die Jugendhilfe im Strafverfahren/die Jugendgerichtshilfe , aber auch der Allgemeine Soziale Dienst (ASD) und die freien Träger – die Adressatinnen und Adressaten zu begleiten, zu unterstützen und Gefährdungen abzuwenden. Zur fachlichen Erfüllung dieser Aufgabe ist Kooperation mit der Polizei und der Justiz notwendig. Die Institutionen übergreifende Kooperation zwischen der KJH, der Polizei und der Justiz gehört zum selbstverständlichen Arbeitsalltag und hat sich in den letzten zweieinhalb Jahrzehnten vor allem unter dem Vorzeichen der Kriminalitätsprävention kontinuierlich fortentwickelt.

2. Kooperation in der Regelpraxis

Kooperation von KJH, Polizei und Justiz findet hauptsächlich – jenseits von vieldiskutierten Modellprojekten wie z.B. den Häusern des Jugendrechts – im normalen Arbeitsalltag der genannten Institutionen statt. Dabei ist die Institutionen übergreifende Kooperation aufgrund der unterschiedlichen gesellschaftlichen Aufträge und Handlungslogiken der Akteure ein durchaus anspruchsvolles Unterfangen, das auch mit Konflikten einhergehen kann.

2.1 Kinder- und Jugendhilfe und Polizei

Die Polizei ist in der Regel die erste Institution, die tätig wird, wenn Kinder und Jugendliche mit delinquentem Verhalten auffällig werden. Im Rahmen polizeilicher Mitteilungen informiert sie die KJH über den Tatverdacht, im Fall von strafunmündigen Kindern in der Regel den ASD, im Fall von Jugendlichen die Jugendhilfe im Strafverfahren. Dabei erfolgt die Information lediglich einseitig, d.h. die Polizei macht Angaben, erhält aber von der KJH grundsätzlich keine fallbezogene Rückmeldung. Da die polizeilichen Mitteilungen für die Jugendhilfe der Anlass sind zu prüfen, ob ein erzieherischer Bedarf besteht und dann ggfls. Hilfen einzuleiten, ist die Qualität der polizeilichen Informationen für die KJH von zentraler Bedeutung: Wichtig ist, dass die polizeilichen Mitteilungen in allen Fällen möglichst zeitnah und aussagekräftig erfolgen (gerade auch bei strafunmündigen Kindern, vgl. Holthusen, 2011).

2.2 Die Jugendhilfe im Strafverfahren als unverzichtbarer Kooperationspartner des Jugendgerichts

Das Jugendgerichtsgesetz (JGG) legt in § 2 (1) fest, dass das Jugendstrafverfahren vorrangig am Erziehungsgedanken auszurichten ist, mit der Zielsetzung eine erneute Straffälligkeit zu verhindern. Mit der Betonung des Erziehungsgedankens wird auch die Bedeutung der Jugendhilfe im Strafverfahren mit ihrer pädagogischen Kompetenz aufgewertet. Sie begleitet nicht nur den Jugendlichen während des gesamten Verfahrens, sondern berichtet über dessen Persönlichkeit und unterbreitet dem Jugendgericht ggfls. Sanktionsvorschläge. Wie bedeutsam die Arbeit der Jugendgerichtshilfe für das Jugendgericht ist, zeigt auch eine aktuelle empirische Untersuchung: das Jugendgerichtsbarometer. So bewerteten die bundesweit befragten JugendrichterInnen und JugendstaatsanwältInnen die Kooperation mit der Jugendgerichtshilfe überwiegend gut bis sehr gut (Höynck/Leuschner, 2014, S. 93f.). Über 95 Prozent der Befragten schätzen die Berichte der Jugendgerichtshilfe zur Lebenssituation und Entwicklungsperspektive des angeklagten Jugendlichen als „eher“ oder

„sehr bedeutend“ für die Rechtsfolgenentscheidung ein (ebd. S. 92). Die Jugendhilfe bringt die pädagogische Perspektive in das Jugendstrafverfahren ein und hat damit eine zentrale Bedeutung für die Umsetzung des Erziehungsgedankens. Ebenso wichtig sind die ambulanten Maßnahmen der Jugendhilfe, wie soziale Trainingskurse oder Betreuungsweisungen, als pädagogische Alternative zu freiheitsentziehenden justiziellen Sanktionen. Im Rahmen der Kooperation zwischen der Jugendhilfe und dem Jugendgericht ist hier ein intensiver Austausch über örtliche Angebotsstruktur erforderlich.

Tendenziell hat die Jugendhilfe in den letzten Jahrzehnten an Bedeutung für das Jugendgericht zugenommen. Mit der Kooperation gehen allerdings auch Konflikte einher, wie die Debatten um die Einführung des § 36a SGB VIII vor einigen Jahren gezeigt haben oder die Diskussionen über die Anwesenheit der Jugendgerichtshilfe in der Hauptverhandlung (vgl. Arbeitsstelle Kinder- und Jugendkriminalitätsprävention/Projekt Jugendhilfe und Sozialer Wandel, 2011, S. 54ff.). Aufgrund der unterschiedlichen Aufgaben von Jugendhilfe (Kindeswohl und Orientierung am erzieherischen Bedarf) und Justiz (Strafverfolgung und Rechtsprechung) sind unterschiedliche Einschätzungen, was angemessene Reaktionen auf Straftaten und Problemlagen von Jugendlichen sind, unvermeidlich. Daraus können auch Kooperationsprobleme entstehen.

3. In der Diskussion: Häuser des Jugendrechts und weitere Modellprojekte

Vor nunmehr eineinhalb Jahrzehnten, 1999, wurde das erste Haus des Jugendrechts in Stuttgart Bad Cannstatt als Modellprojekt gestartet. Zentrale Zielsetzung war es, durch die Verbesserung der Kooperation von Jugendhilfe, Polizei und Justiz langfristig die Jugendkriminalität zu reduzieren (vgl. Feuerhelm/Kügler 2003). Dazu wurden die für Bad Cannstatt zuständigen MitarbeiterInnen der Polizei (9 Stellen), der Jugendgerichtshilfe (3,5 Stellen) und der Staatsanwaltschaft (1 Stelle) in einem gemeinsamen Gebäudekomplex untergebracht. Teils wurden innerhalb der Institutionen dafür Umorganisationen notwendig, z.B. stellte die Polizei vom Tatortprinzip auf das Wohnortprinzip um. Durch die kurzen Wege sollten u.a. die Verfahren bzw. die institutionellen

Reaktionen auf Straftaten beschleunigt werden. Im Modellprojekt wurde mit Hauskonferenzen, Frühbesprechungen und Fallkonferenzen eine eigene Kooperationsstruktur aufgebaut. Neben einem Vertrauensaufbau zwischen den beteiligten Institutionen etablierte sich auch eine zügigere Information der Staatsanwaltschaft und der Jugendgerichtshilfe über neue Fälle durch die Polizei. Hierdurch und bedingt durch die räumliche Nähe zu den ermittelnden PolizeibeamtInnen, hatte die Jugendgerichtshilfe die Chance, frühzeitiger Kontakt zu den Jugendlichen und ggfls. zu deren Eltern aufzubauen. Zugleich war mit der räumlichen Nähe die Herausforderung für die Jugendgerichtshilfe verbunden, den Adressaten, auch die Grenzen der Kooperation und den eigenen Handlungsauftrag deutlich zu machen, damit der Vertrauensaufbau nicht beeinträchtigt wurde. Zusätzlich übernahm die Jugendgerichtshilfe im Haus des Jugendrechts die Schnittstellenfunktion zu dem nicht in das Modellprojekt involvierten ASD und den freien Trägern.

Das erste Haus des Jugendrechts fand als erfolgversprechendes Projekt zur Prävention von Jugendkriminalität große öffentliche und politische Aufmerksamkeit. Es wurde vom Institut für sozialpädagogische Forschung Mainz (ism) im Auftrag des Bundesministeriums für Familie, Senioren, Frauen und Jugend wissenschaftlich begleitet (vgl. Feuerhelm/Kügler 2003). Die Evaluation konnte die Verbesserung der Kooperationsstrukturen aufzeigen und hat sicherlich auch dazu beigetragen, dass sich das Modellprojekt etabliert hat und später verstetigt wurde. Zugleich wurde das Bad Cannstätter Haus Vorbild für weitere Häuser des Jugendrechts, die nach und nach ins Leben gerufen wurden. Neben dem Stuttgarter Haus des Jugendrechts existieren heute Häuser in Ludwigshafen, Mainz, Kaiserslautern, Trier, Wiesbaden, Frankfurt/M-Höchst, Köln, Paderborn, Pforzheim - Enzkreis. Damit liegt der Schwerpunkt der Häuser des Jugendrechts in den (süd-)westlichen Bundländern Rheinland-Pfalz, Hessen, Baden-Württemberg und Nordrhein-Westfalen. Bei genauerer Betrachtung unterscheiden sich die Konzepte der Häuser teils erheblich. Z.B. ist das Kölner Haus des Jugendrechts ausschließlich mit der Zielgruppe der sogenannten „jugendlichen und heranwachsenden Intensivtäter“ befasst, andere Häuser rechnen auch strafunmündige auffällige Kinder zu ihren Adressaten. Während in allen Häusern des Jugendrechts die Polizei und die Staatsanwaltschaft dauerhaft präsent sind, muss hinsichtlich der Präsenz der Kinder- und Jugendhilfe differenziert werden: so ist an einem Standort zwar das Jugendamt, das die Jugendhilfe im Strafverfahren spezialisiert im ASD übernimmt, in das Haus des Jugendrechts involviert und beteiligt sich dort an den Gremien, die Jugendhilfe ist aber nicht dauerhaft vor Ort. An anderen Orten sind auch freie Träger mit Büros und eigenen Räumlichkeiten vertreten, in denen z.B. soziale Trainingskurse oder auch der Täter-Opfer-Ausgleich durchgeführt werden können.

Zugleich gab es in weiteren Kommunen Planungen und Absichtserklärungen auf Landesebene, die allerdings (noch) nicht umgesetzt wurden. Im Gespräch sind bzw. waren u.a. die Standorte Koblenz, Mannheim, Leipzig, Frankfurt-Nord, Offenbach, Dortmund, Duisburg, Düsseldorf, Fürth und Nürnberg. Die Gründe hierfür sind vielseitig und regional durchaus auch verschieden: Ein nicht zu unterschätzender Grund für die Nichtumsetzung liegt nicht selten in der Schwierigkeit für die Kommune, geeignete und auch finanzierbare Räumlichkeiten zu finden. Andere Gründe sind z.B. die Ablehnung des Vorhabens durch kommunale Gremien, wie etwa. dem Kinder- und Jugendhilfeausschuss. Auch fachpolitisch sind die Häuser des Jugendrechts keinesfalls unumstritten, wie die kritische Stellungnahme der Deutschen Vereinigung für Jugendgerichte und Jugendgerichtshilfe (DVJJ) belegt (vgl. DVJJ, 2012). Einer der Hauptkritikpunkte bezieht sich auf die räumliche Nähe der am Verfahren beteiligten Professionen, weil diese dem jungen Menschen die Unterscheidung der verschiedenen Funktionen und Aufgaben von Polizei und Justiz auf der einen Seite und der Jugendhilfe auf der anderen Seite erschwere (ebd.).

Bemerkenswert – im Gegensatz zu vielen anderen Projekten im Bereich der Delinquenzprävention im Kindes- und Jugendalter – ist, dass vergleichsweise viele Häuser des Jugendrechts extern evaluiert worden sind (vgl. Feuerhelm/Kügler, 2003; Linz, 2013; Müller/Mutke/Wink, 2008). Die wissenschaftlichen Begleitungen haben nicht nur Beitrag zur fachlichen Auseinandersetzung und Popularität geleistet, sondern auch die konzeptionelle Weiterentwicklung vor Ort befördert.

Weit weniger bekannt als die Häuser des Jugendrechts sind die Jugendstationen in Thüringen. Hinter anderen Namensgebung verbirgt sich ein ganz ähnliches Modell in Gera (seit 2000) und Jena/Saale-Holzland-Kreis (seit 2011); auch hier sitzen Polizei, Staatsanwaltschaft und Jugendgerichtshilfe „unter einem Dach“. Planungen, auch in Erfurt eine Jugendstation einzurichten wurden bislang nicht umgesetzt.

Als Zwischenbilanz in Bezug auf die Häuser des Jugendrechts (inkl. der Thüringer Jugendstationen) lässt sich festhalten, dass das Konzept zwar bundesweit recht bekannt ist, eine konkrete Umsetzung aber nur in einer überschaubaren Zahl von Kommunen erfährt. Dort, wo sie umgesetzt werden, etabliert sich das Konzept jedoch offensichtlich dauerhaft .

Eine besondere Form der institutionalisierten Kooperation zwischen Jugendhilfe und Polizei soll – auch wenn sie eher ein Schattendasein in der Fachdiskussion fristet – in diesem Zusammenhang nicht unerwähnt bleiben: Bereits Anfang der 1990er Jahre wurden in Magdeburg und Halle/Saale die Jugendberatungsstellen bei der Polizei (JUPB) in Sachsen-Anhalt als Modellprojekte ins Leben gerufen. Örtlich wurden die Jugendberatungsstellen in unmittelbarer Nähe zu den polizeilichen Jugendkommissariaten mit Ziel angesiedelt, dass direkt nach dem Polizeikontakt – sofern notwendig – freiwillig eine sozialpädagogische Beratung erfolgen kann. Kinder, Jugendliche und Eltern sollten zeitnah in der Krisensituation unterstützt und über die Möglichkeiten der Kinder- und Jugendhilfe informiert werden (vgl. Enke, 2001). Die Projekte wurden durch das Innenministerium des Landes finanziert, so dass hier auch die Dienstaufsicht lag. Zur Sicherstellung der Unabhängigkeit der Beratungsstellen wurde die Fachaufsicht im Sozialministerium angesiedelt. Mittlerweile hat sich dieses Konzept im Bundesland Sachsen-Anhalt flächendeckend als Regelangebot etabliert. Einen ähnlichen Handlungsansatz verfolgt das Interventions- und Präventionsprogramm (IPP) der Jugendgerichtshilfe in Dresden : In der zweite Hälfte der 1990er Jahren als Modellprojekt gestartet, wurde das Projekt der Jugendgerichtshilfe in den Gebäuden der Polizei angesiedelt, damit tatverdächtigten Kindern und Jugendlichen unmittelbar nach der polizeilichen Vernehmung eine Beratung angeboten werden konnte und ein niedrigschwelliger

Zugang zur Jugendhilfe eröffnet wurde (vgl. Ferse, 2001). Auch dieses Projekt ist zwischenzeitlich in die Regelpraxis übernommen worden.

Auffällig ist, dass sich diese Handlungsansätze zwar in Sachsen-Anhalt bzw. in Dresden etablieren konnten, aber darüber hinaus – im Gegensatz zu den Häusern des Jugendrechts – keine weiteren Erprobungen oder Verbreitungen stattgefunden haben.

An allen Standorten mit Modellprojekten der Institutionen übergreifenden Kooperation lässt sich beobachten, dass durch die kontinuierliche Zusammenarbeit, aber auch durch die Diskussionen und Konflikte, insgesamt das Wissen über die Aufgaben, die Möglichkeiten und Handlungslogiken der jeweils anderen Institutionen steigt. Mittelbar führt dies auch zu einen tiefergehenderen gegenseitigen Verständnis und einer besseren Abstimmung zwischen den Institutionen. Dies war auch die Zielsetzung des 1998 in Nürnberg zunächst als Modellprojekt gestarteten PJS (Polizei – Jugendhilfe – Schule). Mit gemeinsamen Schulungen, gegenseitigen Fortbildungen, regelmäßigem Austausch sowie der systematischen Entwicklung von Kooperationsabläufen ist in Nürnberg die Kooperation nachhaltig gefördert worden (vgl. Böhm u.a., 2003).

Bundesweit singulär ist trotz langjähriger Erfahrung der Ansatz des Berliner Büros für Diversionsberatung und -vermittlung, das von der Stiftung SPI getragen wird und im Auftrag der für Jugend zuständigen Senatsverwaltung arbeitet (vgl. Haustein/Niethammer, 2001). Unmittelbar in den sechs Berliner Polizeidirektionen angesiedelt, werden tatverdächtigte Jugendliche möglichst schnell nach der polizeilichen Vernehmung durch SozialarbeiterInnen (den DiversionsmittlerInnen) mit der Zielsetzung beraten, durch Schadenswiedergutmachung oder die Einleitung anderer Maßnahmen eine Diversion zu ermöglichen und somit ein formales Strafverfahren zu vermeiden.

Gemeinsam mit den Häusern des Jugendrechts ist den zuletzt genannten Ansätzen (mit Ausnahme des Nürnberger Projektes), dass sie sich immer wieder der Kritik einer zu großen Nähe zur Polizei ausgesetzt sehen. Dies ist eine Beanstandung, die immer wieder auch im Zusammenhang mit dem aktuellen Projekt „Kurve kriegen" des Nordrhein-Westfälischen Innenministeriums geäußert wird. Zielgruppe dieses Projektes sind 8 bis 15jährige, die der Polizei mit Straftaten auffällig werden. Damit diese Kinder die sprichwörtliche „Kurve kriegen“, sollen pädagogische und psychologische Fachkräfte in die Teams der Polizei eingebunden werden, um zeitnah erzieherisch zu reagieren und den Kindern und deren Eltern pädagogische Angebote zu machen. Neben zusätzlichen Angeboten soll an den acht Standorten auch eng mit den zuständigen Jugendämtern kooperiert werden. So sinnvoll es gerade auch bei strafunmündigen Kindern ist, auf auffälliges Verhalten pädagogisch zu reagieren, so stellt sich doch die Frage, ob an dieser Stelle nicht die originären Aufgabenbereiche von Polizei und Jugendhilfe so vermischt werden, dass sie von den Adressaten nicht mehr als getrennt wahrgenommen werden.

4. Aktuell in der Diskussion: Behördenübergreifende Fallkonferenzen

Unter dem Dach des Hamburger Programms „Handeln gegen Jugendgewalt“ wurden als eine von insgesamt zehn Säulen, behördenübergreifende gemeinsame Fallkonferenzen als neue Maßnahme der fallbezogenen Kooperation eingeführt. Im Rahmen von behörden- und ressortübergreifenden Fachgesprächen werden, bezogen auf Fälle von sogenannten jugendlichen „Intensivtätern“, Informationen ausgetauscht und Maßnahmen diskutiert, die den Jugendlichen von weiteren Straftaten abhalten sollen. Beteiligt an den Fallkonferenzen sind neben den fallführenden Fachkräften der Jugendhilfe, der Polizei und der Staatsanwaltschaft auch die verantwortlichen Leitungen sowie ggfls. noch weitere fallbeteiligte Personen. Die Federführung für die Koordinierung der Fallkonferenzen wurde bei der Polizei angesiedelt. Mittlerweile wurde das Konzept zum „Obachtverfahren Gewalt u21 / Gemeinsame Fallkonferenzen“ weiterentwickelt; die Auswahl der Fälle, für die eine Konferenz einberufen wird, wird nun über ein Ampelmodell geregelt. Wie auch die anderen Säulen des Hamburger Programms „Handeln gegen Jugendgewalt“ wurden die Fallkonferenzen extern evaluiert (vgl. Richter/Sturzenhecker, 2010). Die Evaluation stellte zwar allgemein eine Optimierung der Zusammenarbeit zwischen den Behörden fest; das Ziel, für den Jugendlichen neue oder geeignetere Maßnahmen zu etablieren, die zur Verbesserung der Problemlagen und zu Legalverhalten führen, wurde aber nicht erreicht. Vor allem datenschutzrechtliche Bedenken führten in Hamburg zu intensiven fachlichen und politischen Diskussionen über das Modell. Konzepte für Fallkonferenzen wurden auch in Bremen und Niedersachsen – unter intensiver Diskussion über den Sozialdatenschutz – entwickelt.

In den Debatten kaum berücksichtigt wurde, dass Fallkonferenzen, wenn auch nicht als eigenständige Projekte, wohl aber als Elemente anderer Programme/Ansätze weitere Verbreitung aufweisen. Diese Programme zielen hauptsächlich auf sogenannte jugendliche „Intensivtäter", wie z.B. das baden-württembergische Initiativprogramm Jugendliche Intensivtäter (bereits seit 1999, vgl. Auracher, 2010; Bieß, 2010) oder die Münchener AG Proper (Projekt personenbezogener Ermittlungen und Recherche). Bereits die Begrifflichkeit „Intensivtäter" mit der stärkeren Orientierung auf Straftaten als auf Problemlagen oder auf Hilfebedarfe ist ein Hinweis darauf, dass in diesen Projekten die polizeiliche Perspektive eher im Vordergrund steht. Auch die oben beschriebenen Häuser des Jugendrechts nutzen das Instrument Fallkonferenz.

Auch wenn einheitlich der Begriff Fallkonferenz verwendet wird, so ist doch wichtig festzuhalten, dass sich die Konzepte gegenwärtig teils stark unterscheiden. Folgende Fragen markieren die zentralen Differenzen:

- Welche Institution ist federführend?
- Werden die Jugendlichen / die Eltern beteiligt?
- Wie wird Klarheit und Transparenz über die Rollen der Akteure für die Jugendlichen hergestellt?
- Welche Institutionen sind immer beteiligt, welche werden ggfls. hinzugezogen?
- Wer nimmt teil, die fallführende Fachkraft, Vorgesetzte, Delegierte?
- Wann werden Sitzungen einberufen, bedarfsabhängig, turnusgemäß, mehrere Fallkonferenzen pro Fall)?
- Welche Regelungen gibt es zur Gewährleistung des Sozialdatenschutzes, wie wird mit der Frage der Einwilligungen umgegangen?
- Entstehen Doppelstrukturen etwa zu Helferkonferenzen?

Die jüngeren Diskussionen waren u.a. auch der Anlass, die Frage aufzuwerfen, ob zur Förderung der Institutionen übergreifenden Kooperation ein gesetzlicher Handlungsbedarf besteht, auch wenn grundsätzlich die Kooperation zwischen der Jugendhilfe und der Justiz sowohl im SGB VIII (§ 52 und § 81) und als auch im JGG (§ 38) verankert ist. Entsprechende Handlungsempfehlungen zur Verbesserung der behördenübergreifenden Zusammenarbeit und Datenschutz durch klarstellende Regelungen korrespondierend im JGG und im SGB VIII wurden von einer Arbeitsgruppe erstellt. Die Handlungsvorschläge zur Förderung einzelfallbezogener Fallkonferenzen im Kontext von Jugendstraf-verfahren und fallübergreifende Kooperation zwischen den Jugendgerichten und der Jugendhilfe wurden sowohl der Justizministerkonferenz, als auch der Jugend- und Familienministerkonferenz vorgelegt. Beide Konferenzen haben die Vorschläge begrüßt und aktuell mit der Bitte um Prüfung an das Bundesministerium für Justiz und das Bundesministerium für Familie, Senioren, Frauen und Jugend weitergeleitet. Während die Förderung der fallübergreifenden Kooperation in der Fachdiskussion weitgehend unstrittig ist, gibt es bezogen auf die behördenübergreifenden einzelfallbezogenen Konferenzen auch kritische Stimmen, basierend auf datenschutzrechtlichen und verfahrensrechtlichen Bedenken (vgl. DVJJ, 2014).

5. Dreh- und Angelpunkt: Sozialdatenschutz und institutionenübergreifende Kooperation

Wie in diesem Beitrag verschiedentlich angeklungen, ist insbesondere für die Kinder- und Jugendhilfe die Frage des Sozialdatenschutzes in der Kooperation mit anderen Institutionen von zentraler Bedeutung. Der Sozialdatenschutz ist die Voraussetzung für eine vertrauensvolle Zusammenarbeit der KJH mit ihren Adressaten. Im diesem Verständnis kann der Sozialdatenschutz nicht – wie in der Diskussion immer wieder vorgebracht – als Hemmnis für die Kooperation gesehen werden, denn die Kooperation mit anderen Institutionen ist für die KJH kein Selbstzweck, sondern erfolgt im Interesse der Adressaten. Vor diesem Hintergrund ist es unerlässlich, das eine Datenübermittlung der Jugendhilfe an andere Institutionen nur in Absprache und mit der Einwilligung der Adressaten erfolgt. Dabei müssen den Jugendlichen verständlich die Zusammenhänge und auch seine Einflussmöglichkeiten erläutert werden. Wichtig ist auch, dass die Kooperationspartner der KJH über den Sozialdatenschutz und seinen zentralen Stellenwert für die Kinder- und Jugendhilfe informiert sind, damit keine nicht einlösbaren Erwartungshaltungen entstehen und eine Nicht-Übermittlung von Daten nicht als mangelnde Kooperationsbereitschaft interpretiert wird.

In der Fachpraxis ist immer wieder eine erhebliche Unsicherheit hinsichtlich der Datenerhebung und -übermittlung, insbesondere bei der behördenübergreifenden Zusammenarbeit, zu beobachten. Dies dokumentiert sich unter anderem auch an der starken Nachfrage nach Richtlinien und Handreichungen, die in unterschiedlichen Bundesländern erarbeitet wurden . Dass der Sozialdatenschutz dennoch eine komplizierte juristische Materie bleibt, zeigt sich nicht nur in der Länge und Differenziertheit der verschiedenen Ausführungen, sondern auch – und dies ist für die Fachpraxis gravierend – in den teils kontroversen Auffassungen . Diese Rahmenbedingungen sind für die Handlungssicherheit der Fachkräfte in diesem Feld eher schwierig.

6. Ausblick und Herausforderungen

Auch wenn im Rahmen dieses Beitrages nicht detailliert und differenziert auf die verschiedenen Konzepte und Projekte eingegangen werden konnte, so ist doch eine große Bandbreite deutlich, wie die Institutionen übergreifende Kooperation im Bereich der Delinquenz im Kindes- und Jugendalter praktiziert wird. Dabei erhebt diese Darstellung keinen Anspruch auf Vollständigkeit; vielmehr ist davon auszugehen, es in den Kommunen noch weitere – nicht veröffentlichte und in Konzepte gegossene – Kooperationsformen bestehen. Die vorgestellten Kooperationsprojekte, aber auch der Blick auf die Regelpraxis zeigt, dass nicht nur die Kinder- und Jugendhilfe, in der Kooperation mit anderen Institutionen fester Bestandteil des fachlichen Selbstverständnis (SGB VIII § 81) ist, sondern auch die Polizei und die Justiz die Bedeutung der Institutionen übergreifenden Kooperation immer höher bewerten. Die Frage lautet nicht ob kooperiert wird, sondern wie. Die geeignete Form der Kooperation ist dabei abhängig von den jeweiligen regionalen Voraussetzungen und gewachsenen Strukturen in den Kommunen. Neue Konzepte müssen dies berücksichtigen und hieran anknüpfen, wenn sie von allen Seiten akzeptiert und getragen werden sollen. Einseitige oder nur „von oben" verordnete Konzepte haben mittelfristig kaum Aussicht auf Erfolg. Wichtige Voraussetzung für erfolgreiche Kooperation ist auch die gegenseitige Wertschätzung der Kooperationspartner sowie das Wissen um die unterschiedlichen gesellschaftlichen Aufträge und Handlungslogiken sowie Rollenverständnisse der anderen Institutionen. Hier liegt eine Herausforderung für die Aus- und Fortbildung.

Da sich auch bei Polizei und Justiz die Erkenntnis immer mehr durchsetzt, dass auf Delinquenz im Kindes- und Jugendalter vorrangig eine erzieherische Reaktion erfolgversprechend ist, wird die KJH mit ihrer pädagogischen Orientierung zu einem immer wichtigeren Kooperationspartner. Damit sind auch hohe Erwartungen verbunden. Hier ist es von hoher Wichtigkeit, dass die Kinder- und Jugendhilfe diesen Bedeutungszuwachs, der ihr zu Teil wird, auch tatsächlich im Interesse der Adressaten nutzt. Zur Wahrnehmung dieser Aufgaben müssen insbesondere auch die Regeldienste mit den dazu benötigten Ressourcen ausgestattet werden.

Eine besondere Herausforderung für die Kooperation sind die sogenannten jugendlichen „Mehrfach- und Intensivtäter". Aufgrund der hohen Delinquenzbelastung stehen hier Polizei und Justiz unter einem hohen Legitimationsdruck und auch die Jugendhilfe war in diesen Fälle nicht immer erfolgreich – vielmehr zeigen sich hier häufig regelrechte Jugendhilfekarrieren. Die hohe Zahl der gleichzeitig mit dem jeweiligen Fall befassten Fachkräfte und Einrichtungen und eine häufig durch zahlreiche Abbrüche geprägte Vorgeschichte erhöhen durch diese Komplexität die Anforderungen an die Kooperation. Gleichzeitig liegt gerade auch in diesen Fällen in der Verbesserung der Institutionen übergreifenden Kooperation die Chance, frühzeitiger und abgestimmter reagieren zu können und so ggfls. negative Karrieren zu vermeiden (vgl. Holthusen, 2004).

Für die Kinder- und Jugendhilfe bietet die Kooperation mit Polizei und Justiz die Chance, die pädagogische Perspektive im Umgang mit Delinquenz im

Interesse ihrer Adressaten weiter zu stärken. Dabei ist sie gleichzeitig gefordert, ihre Grundprinzipien auch in der Institutionen übergreifenden Kooperation zu beherzigen: Sozialdatenschutz ist Voraussetzung für den Aufbau eines Vertrauensverhältnis zum Adressaten und Partizipation, die Beteiligung der Jugendlichen ist die Voraussetzung für erfolgreiche Hilfen.

LITERATUR:

Arbeitsstelle Kinder- und Jugendkriminalitätsprävention (Hrsg.), Schnelle Reaktion, Tatverdächtigte Kinder und Jugendliche im Spannungsfeld zwischen beschleunigten Verfahren und pädagogischer Hilfe, 2001

Arbeitsstelle Kinder- und Jugendkriminalitätsprävention (Hrsg.), Strategien der Gewaltprävention im Kindes- und Jugendalter. Eine Zwischenbilanz in sechs Handlungsfeldern, 2007

Arbeitsstelle Kinder- und Jugendkriminalitätsprävention/Projekt „Jugendhilfe und sozialer Wandel" (Hrsg.): Das Jugendgerichtshilfeb@rometer. Empirische Befunde zur Jugendhilfe im Strafverfahren in Deutschland, 2011

Auracher, Kooperation von Sozialer Arbeit und Polizei beim Umgang mit jugendlichen Intensivtätern. Erfahrungen mit dem baden-württembergischen „Initiativprogramm Jugendliche Intensivtäter" aus der Sicht der Polizei, in: Möller (Hrsg.), 2010, S. 164-172

Bieß, Kooperation von Sozialer Arbeit und Polizei beim Umgang mit jugendlichen Intensivtätern. Erfahrungen mit dem baden-württembergischen „Initiativprogramm Jugendliche Intensivtäter" aus der Sicht der Jugendgerichtshilfe, in: Möller (Hrsg.), 2010, S. 173-179

BKA/Bundeskriminalamt (Hrsg.), Polizeiliche Kriminalstatistik 2013, 2014

Böhm/Greiffenhagen/Krämer/Pümmerlein, Kooperation als Querschnittsaufgabe und Schlüsselqualifikation – Das Modellprojekt „Kooperation Polizei – Jugendhilfe – Sozialarbeit, in: Arbeitsstelle Kinder- und Jugendkriminalitätsprävention (Hrsg.), Evaluierte Kriminalitätsprävention in der Kinder- und Jugendhilfe, Erfahrungen und Ergebnisse aus fünf Modellprojekten, 2003, S. 167-205

VJJ, „Häuser des Jugendrechts" - Risiken und Nebenwirkungen beachten! Positionspapier des Vorstands der DVJJ, 2012 [http://www.dvjj.de/veroeffentlichungen/stellungnahmen/haeuser-des-jugendrechts-risiken-und-nebenwirkungen-beachten (Zugriff: 30.7.2014)]

DVJJ, Positionspapier der DVJJ zu sogenannten Fallkonferenzen, 2014 [http://www.dvjj.de/sites/default/files/medien/imce/documente/veroeffentlichungen/Positionspapier%20Fallkonferenzen.pdf (Zugriff: 14.8.2014)]

Enke, Die Arbeit der Jugendberatungsstelle bei der Polizei (JUBP) in Halle/Sachsen-Anhalt, in: Arbeitsstelle (Hrsg.) 2001, S. 75-81

Ferse, Das Interventions- und Präventionsprojekt der Jugendgerichtshilfe Dresden, in: Arbeitsstelle (Hrsg.) 2001, S. 57-74

Feuerhelm/Kügler, Das „Haus des Jugendrechts" in Stuttgart Bad Cannstatt. Ergebnisse einer Evaluation, 2003

Gerhard, Das „Haus des Jugendrechts" – Wohnsitz kriminalpräventiver Ansätze oder Unterschlupf repressiven Vorgehens? In: ZJJ 2/2008, S. 184-189

Haustein/Niethammer, Das Berliner Büro für Diversionsberatung und -vermittlung, in: Arbeitsstelle (Hrsg.) 2001, S. 83-102

Hessisches Ministerium des Innern und für Sport/Hessisches Ministerium der Justiz, für Integration und Europa/Hessisches Kultusministerium/Hessisches Sozialministerium/Der Hessische Datenschutzbeauftragte/Hessischer Städtetag/Hessischer Landkreistag (Hrsg.), Jugenddelinquenz. Handreichung zur institutionsübergreifenden Zusammenarbeit bei der Prävention, Intervention und Repression, 2012 [http://www.polizei.hessen.de/icc/internetzentral/nav/ef8/binarywriterservlet?imgUid=7dd705e6-4bf6-af31-20f9-6f03ef798e7b&uBasVariant=11111111-1111-1111-1111-111111111111 (Zugriff: 14.8.2014)]

Holthusen, Modellprojekt: Kooperation im Fall von jugendlichen „Mehrfach- und Intensivtätern". Abschlussbericht der wissenschaftlichen Begleitung, 2004

Holthusen, Projekt: Polizeilich mehrfach auffällige Strafunmündige. Ergebnisbericht für die Fachpraxis, 2011

Höynck/Leuschner, Das Jugendgerichtsbarometer. Ergebnisse einer bundesweiten Befragung von Jugendrichtern und Jugendstaatsanwälten, 2014

Linke, Diversionstag in Nordrhein-Westfalen. Zentrale Ergebnisse und Schlussfolgerungen der Begleitforschung, in: ZJJ 3/2011, S. 296-304

Linz, Häuser des Jugendrechts in Hessen. Ergebnisse der Begleitforschung für Wiesbaden und Frankfurt am Main-Höchst, 2013

Möller (Hrsg.), Dasselbe in grün? Aktuelle Perspektiven auf das Verhältnis von Polizei und Sozialer Arbeit, 2010

Müller/Mutke/Wink, Unter einem Dach – Neue Wege der Kooperation in der Jugendstrafrechtspflege. Das Haus des Jugendrechts Ludwigshafen. Ergebnisse einer Evaluation, 2008

Müller-Rakow, Fallkonferenzen in Ermittlungsverfahren gegen jugendliche und heranwachsende „Mehrfach- und Intensivtäter". Eine vergleichende (nicht abschließende) Kurzbetrachtung, in: ZJJ, 3/2008, S. 275-278

Ohder, Polizeiliche Intensivtäterprogramme – hohe Hürden für eine Kooperation mit Sozialer Arbeit, in: Möller (Hrsg.), Dasselbe in grün? Aktuelle Perspektiven auf das Verhältnis von Polizei und Sozialer Arbeit, 2010, S. 180-188

Richter/Sturzenhecker, Evaluation des Handlungskonzeptes „Handeln gegen Jugendgewalt", Abschlussbericht, 2010

Riekenbrauk, Haus des Jugendrechts und Sozialdatenschutz, in: ZJJ, 1/2011, S. 74-83

Seedorf, Verstöße gegen den Sozialdatenschutz unter dem Deckmantel der Kooperation? In: ZJJ 4/2010, S. 405-409

Statistisches Bundesamt (Hrsg.), Rechtspflege, Strafverfolgung 2012, Fachserie 10/Reihe 3, 2014

Sturzenhecker/Karolczak/Braband, Ergebnisse der Evaluation der „Gemeinsamen Fallkonferenzen" im Rahmen des Hamburger Handlungskonzeptes „Handeln gegen Jugendgewalt", in: ZJJ 3/2011, S. 305-312

BEITRAG ERSCHIENEN IN:
Holthusen, Bernd (2014): Delinquenz im Kindes- und Jugendalter - Kooperation mit Polizei und Justiz als Herausforderung für die Kinder- und Jugendhilfe.In: Jugendhilfe 52, 5/2014, S. 332-340.

DER AUTOR:
Bernd Holthusen ist seit 1997 in der Abteilung »Jugend und Jugendhilfe« am Deutschen Jugendinstitut angestellt. Seine Arbeitsschwerpunkte sind abweichendes Verhalten, Kooperation, mehrfachauffällige Jugendliche und Evaluation. Seit 2013 leitet er die Fachgruppe »Angebote und Adressaten der Kinder- und Jugendhilfe«.

Kontakt: holthusen@dji.de

9. Literatur

Arbeitsstelle Kinder- und Jugendkriminalitätsprävention des DJI (2007): Strategien der Gewaltprävention im Kindes- und Jugendalter. Eine Zwischenbilanz in sechs Handlungsfeldern. München.

Arbeitsstelle Kinder- und Jugendkriminalitätsprävention des DJI (2011): Das Jugendgerichtshilfebarometer. Empirische Befunde zur Jugendhilfe im Strafverfahren in Deutschland. München.

Bindel-Kögel, Gabriele/Heßler, Manfred/Münder, Johannes (2004): Kinderdelinquenz zwischen Polizei und Jugendhilfe. Münster.

Böhnisch, Lothar/Lenz, Karl/Schröer, Wolfgang (2009): Sozialisation und Bewältigung. Weinheim/München.

Brumlik, Micha (1992): Advokatorische Ethik. Bielefeld.

Bundesministerium für Familie, Senioren, Frauen und Jugend (Hrsg.) (2014): 14. Kinder- und Jugendbericht.

Bundesministerium des Innern (Hrsg.) (2013): Polizeiliche Kriminalstatistik 2012.

Bundesministerium des Innern (Hrsg.) (2018): Polizeiliche Kriminalstatistik 2017.

Dollinger, Bernd/Schmidt-Semisch, Henning (Hrsg.) (2010): Handbuch Jugendkriminalität. Wiesbaden.

Hamburger, Franz (2009): Abschied von der interkulturellen Pädagogik. Weinheim/München.

Holthusen, Bernd/Hoops, Sabrina (2011): Kinder- und Jugendkriminalitätsprävention. Zwischen Mogelpackung und Erfolgsmodell. In: DJI-Impulse, H. 2. München, S. 12-14.

Holthusen, Bernd (2014): Delinquenz im Kindes- und Jugendalter. Kooperation mit Polizei und Justiz als Herausforderung für die Kinder- und Jugendhilfe. In: Jugendhilfe 52, 5/2014, S. 332-340.

Hoops, Sabrina/Holthusen, Bernd (2011): Jugendhilfe vor neuen Herausforderungen. In: DJI Impulse, 21. Jg., H. 4, S. 32-35, München.

Hoops, Sabrina/Permien, Hanna/Rieker, Peter (Hrsg.) (2001): Zwischen null Toleranz und null Autorität. Strategien von Familien und Jugendhilfe im Umgang mit Kinderdelinquenz. München.

Hoops, Sabrina (2009): Was hilft bei Kinderdelinquenz? Familien als Experten. Weinheim/München/Basel.

Kommunalverband für Jugend und Soziales Baden-Württemberg (KVJS) (Hrsg.) (2013): Bericht zu Entwicklungen und Rahmenbedingungen der Inanspruchnahme erzieherischer Hilfen in Baden-Württemberg 2013. Fortschreibung zum Berichtszeitraum 2006-2011. Stuttgart.

Lösel, Friedrich (2012): Frühe Prävention von Gewalt und Delinquenz in der kindlichen Entwicklung. In: DVJJ e. V. (Hrsg.): Achtung (für) Jugend! Mönchengladbach, S. 7-16.

Meier, Bernd-Dieter (2010): Kinder und Jugendliche als Täter und Opfer – Kriminologische Grundlagen. In: Meier, Bernd-Dieter (Hrsg.): Kinder im Unrecht. Junge Menschen als Täter und Opfer. Berlin, S. 13-38.

MIFKJF (2013): Hilfen zur Erziehung in Rheinland-Pfalz. Die Inanspruchnahme erzieherischer Hilfen im Kontext sozio- und infrastruktureller Einflussfaktoren. 4. Landesbericht 2013. Mainz.

Müller, Heinz/Mutke, Barbara/Wink, Stefan (2008): Unter einem Dach. Neue Wege der Kooperation in der Jugendstrafrechtspflege. Mainz.

Müller, Siegfried (2001): Erziehen-Helfen-Strafen. Weinheim und München.

Müller, Siegfried/Peter, Hilmar (Hrsg.) (1998): Kinderkriminalität. Opladen.

Münder, Johannes/Landua, Kerstin (2005): Vorwort. In: Verein für Kommunalwissenschaften e. V.: Die Straftat als Hinweis auf erzieherischen Bedarf? Pädagogik und Konsequenz im Umgang mit Kinderdelinquenz. Berlin, S. 7/8.

Northoff, Robert (Hrsg.) (1997): Handbuch der Kriminalprävention. Baden-Baden.

Oelerich, Gertrud (1998): Entwertung der Werte? In: Müller, Siegfried/Peter, Hilmar (Hrsg.): Kinderkriminalität. Empirische Befunde. Öffentliche Wahrnehmung. Lösungsvorschläge. Opladen, S. 261-276.

Ohliger, Emil (2011): Kinderdelinquenz im Spannungsfeld zwischen Polizei und Jugendhilfe. In: JuReLu - Neues aus dem Haus des Jugendrechts in Ludwigshafen 2010/2011. Ludwigshafen.

Peuckert, Rüdiger (2008): Familienformen im sozialen Wandel. Wiesbaden.

Remschmidt, Helmut/Walter, Reinhard (2009): Kinderdelinquenz. Gesetzesverstöße Strafunmündiger und ihre Folgen. Heidelberg.

Rieker, Peter (2004): Verfestigte Delinquenz im Kindesalter und ihre Bearbeitung durch Familie und professionelle Helfer. In: Soziale Probleme, 15. Jg., 2004, S. 119-140.

Sächsisches Landesamt für Frauen und Soziales (2003): Modellprojekt Erprobung neuer Hilfeformen für Kinder mit abweichendem Verhalten. Chemnitz.

Scherr, Albert (2007): Jugendhilfe, die bessere Form des Strafvollzuges? Chancen und Risiken. In: Nickolai, Werner/Wichmann, Cornelius (Hrsg.): Jugendhilfe und Justiz. Gesucht: Bessere Antworten auf Jugendkriminalität. Freiburg im Breisgau, S.68-83.

Schubarth, Wilfried (2010): Die Rückkehr der Werte. Die neue Wertedebatte und die Chancen zur Weiterbildung. In: Schubarth, Willfried/Speck, Karsten/Lynen von Berg, Heinz (Hrsg.): Wertebildung in der Jugendarbeit, Schule und Kommune. Bilanz und Perspektiven. Wiesbaden, S.21-41.

Spiess, Gerhard (2012): Jugendkriminalität in Deutschland – zwischen Fakten und Dramatisierung. Konstanz. URL http://www.uni-konstanz.de/rtf/gs/G.Spiess-Jugendkriminalitaet-2012.pdf

Spiess, Gerhard (2015): Empirische Befunde zur Jugendkriminalität in Deutschland. In: Forum Erziehungshilfen 1/2015, S. 11-17.

Steffen, Wiebke (2012): Gutachten für den 15. Präventionstag: „Bildung - Prävention - Zukunft". In: Marks, Erich; Steffen, Wiebke: Bildung, Prävention, Zukunft. Ausgewählte Beiträge des 15. Präventionstages 2010, S.39-104.

Thiersch, Hans (1998): Kinderkriminalität. Zur Frage nach Normen und Abweichungen. In: Müller, Siegfried/Peter, Hilmar (Hrsg.): Kinderkriminalität. Empirische Befunde, öffentliche Wahrnehmung Lösungsvorschläge. Opladen, S 27-50.

Trenczek, Thomas (2003): Die Mitwirkung der Jugendhilfe im Strafverfahren. Konzeption und Praxis der Jugendgerichtshilfe. 1. Aufl. Weinheim.

Weyers, Stefan (2004): Moral und Delinquenz. Moralische Entwicklung und Sozialisation straffälliger Jugendlicher. Weinheim und München.

Wohlgemuth, Katja (2009): Prävention in der Kinder- und Jugendhilfe. Wiesbaden.

Vietig, Jenna (2011): Der Umgang mit Strafunmündigen in der Kinder- und Jugendhilfe. Wege der stärkeren Einbeziehung von Eltern in die Bearbeitung von Kinderdelinquenz. Mainz.

10. Abbildungsverzeichnis

Anhang

Erhebungsinstrumente

Erhebungsbogen für Fachkräfte
Erhebungsbogen für Strafunmündige
Erhebungsbogen für Eltern

Erhebungsbogen Frühe Intervention und Beratung Strafunmündiger

*Bitte tragen Sie für jede vorgeworfene delinquente Handlung (vdH) eines Kindes, die Ihnen gemeldet wird, die erforderlichen Daten in das untere graue Feld ein **(Tagebuch-Nr., Mündel-Nr., vdH-Nr., vorherige vdHs)**. Bitte beachten Sie, dass die vdH-Nr. eine durch FIBS vergebene Nummer ist, mit der die vdHs eines Kindes im Kalenderjahr 2011 gezählt werden.*

*Die **Fragen 2 bis 4** füllen Sie bitte für jedes Kind nur einmal aus und zwar bei der ersten vorgeworfenen delinquenten Handlung, die Ihnen ab dem 01. Januar 2011 gemeldet wird.*

*Die **Fragen 5 bis 10** sollen bei jeder vdH des Kindes überprüft werden; sofern es keine Veränderungen zur ersten vdH im Jahr 2011 gibt, haben Sie die Möglichkeit das Feld „keine Veränderung" anzukreuzen.*

*Die **Fragen 11 bis 34** füllen Sie bitte bei jeder vdH eines Kindes erneut aus.*

(bei jeder vdH auszufüllen)

Tagebuch-Nr.:

Mündel-Nr.:

vdH-Nr.:

1 Ist das Kind bereits vor dem 01.01.2011 als Tatverdächtiger durch weitere vdHs bei der Polizei erfasst worden? (ohne Einberechnung der aktuellen vdH)

☐ Nein

☐ Ja, Anzahl: ☐

Angaben zum Kind *(Fragen 2 bis 4 nur bei 1. vdH ab 01.01.2011 auszufüllen)*

2 Wann wurde das Kind geboren?

☐☐ ☐☐☐☐

mm jjjj

3 Geschlecht

☐ weiblich ☐ männlich

4 a Migrationshintergrund des Kindes *(Mehrfachnennung möglich!)*

☐ kein Migrationshintergrund (weiter bei Frage 5)

☐ Migrationshintergrund (weiter bei Frage 4b)

☐ unbekannt (weiter bei Frage 4b)

Anmerkung:
Als Kinder mit Migrationshintergrund zählen Sie bitte diejenigen Kinder, für die mindestens eines der beiden benannten Kriterien zutrifft: 1. Das Kind bzw. mindestens ein Elternteil hat nicht die deutsche Staatsbürgerschaft und/oder 2. Das Kind bzw. mindestens ein Elternteil stammt aus einem anderen Herkunftsland und ist nach Deutschland zu- bzw. umgewandert. Durch Einbürgerung kann bei dieser Personengruppe die deutsche Staatsbürgerschaft vorliegen.

4 b Wo ist das Kind geboren?

☐ in Deutschland geboren

☐ im Ausland geboren und nach Deutschland zugewandert

☐ unbekannt

5 In welchem statistischen Bezirk lebte das Kind zum Zeitpunkt der vdH? ☐ keine Veränderung

☐☐☐☐

6 Welche Schule besuchte das Kind zum Zeitpunkt der vdH? (Bitte den Namen der Schule angeben!) ☐ keine Veränderung

____

Angaben zur Familie *(bei jeder vdH Fragen 5 bis 10 überprüfen)*

7 Wo lebte das Kind zum Zeitpunkt der vdH? ☐ keine Veränderung

- ☐ bei beiden leiblichen Eltern (unabhängig davon, ob diese verheiratet oder nicht verheiratet sind)
- ☐ bei einem leiblichen Elternteil mit einem Partner/Partnerin (verheiratet oder nicht verheiratet)/ Stieffamilie
- ☐ bei einem alleinerziehenden Elternteil (leiblicher Elternteil ohne Partner/Partnerin)
- ☐ bei Verwandten
- ☐ in einer Einrichtung der Jugendhilfe/ Pflegefamilie
- ☐ unbekannt

8 Wie viele Kinder (bis 21 Jahre) gehörten zum Zeitpunkt der vdH zur Herkunftsfamilie? (inkl. Kinder im Heim/Pflegefamilie) ☐ keine Veränderung

Anzahl __________ ☐ keine Angabe

davon im Haushalt __________ ☐ keine Angabe

9 Wie gestaltet sich die Betreuungssituation des Kindes? ☐ keine Veränderung

- ☐ Nicht ausreichend sichergestellt
- ☐ Ausreichend sichergestellt über: *(Mehrfachnennung möglich!)*
  - ☐ Familie
  - ☐ Ergänzend über Hort, GTS, etc.
  - ☐ Sichergestellt über weitere Dritte (z.B. Nachbarn)
- ☐ Unklare Betreuungssituation

10 Wie war die ökonomische Situation der Aufenthaltsfamilie zum Zeitpunkt der vdH? *(Mehrfachnennung möglich!)* ☐ keine Veränderung

- ☐ Einkommen aus eigener Erwerbstätigkeit
- ☐ Sozialgeld
- ☐ ALG I/II (Hartz IV)
- ☐ Unbekannt

2

Angaben zur vorgeworfenen delinquenten Handlung (vdH) *(bei jeder vdH auszufüllen)*

11 Zeitpunkt der vdH:

☐☐ ☐☐ ☐☐☐☐ ☐☐ ☐☐

tt mm jjjj / Uhrzeit

☐ beim „Schulschwänzen"

12 Ort der vdH *(Einfachnennung)*

Statistischer Bezirk: ☐☐☐☐

- ☐ Schule
- ☐ Schulweg
- ☐ Spielplatz/Sportanlagen
- ☐ Jugendzentrum/Kinder- und Jugendeinrichtungen
- ☐ Öffentliche Plätze/ Parks
- ☐ Kaufhaus/Supermarkt
- ☐ Wohngebiet
- ☐ Öffentliche Verkehrsmittel
- ☐ Sonstige

13 Welche delinquente(n) Handlung(en) wurde(n) dem Kind vorgeworfen? *(Mehrfachnennung möglich!)*

- ☐ Eigentumsdelikt
- ☐ Ladendiebstahl
- ☐ Sachbeschädigung
- ☐ Körperverletzung
- ☐ Raub
- ☐ Leistungserschleichung
- ☐ BtmG
- ☐ Sexualdelikte
- ☐ Politisch motivierte Taten (§ 86a StGB u.a.)
- ☐ Beleidigung/Bedrohung
- ☐ Sonstiges

14 Durch wen wurde die Polizei informiert?

- ☐ das Kind selbst
- ☐ Eltern/Elternteil
- ☐ Geschädigte/r (bei Kindern: Personensorgeberechtigte/r)
- ☐ Nachbarn
- ☐ Ladendetektiv
- ☐ Von Amtswegen
- ☐ Schule (ohne Schulsozialarbeit)
- ☐ Sonstiges

15a Die vdH wurde…

- ☐ allein verübt
- ☐ zusammen mit Anderen verübt
- ☐ keine Angabe

15b Die vdH wurde verübt… *(Mehrfachantwort möglich!)*

- ☐ in Verbindung mit elektronischen Medien (Handy, Internet)
- ☐ unter Alkohol-/Drogen-/Medikamenteneinfluss

Tätigkeiten FIBS *(bei jeder vdH auszufüllen)*

16 Wann ging die Meldung bei FIBS ein?

☐☐ ☐☐ ☐☐☐☐
tt mm jjjj

17 War das Kind dem Jugendamt bereits bekannt? *(Mehrfachnennung möglich!)*

- ☐ nein
- ☐ ja, bekannt bei FIBS
- ☐ ja, bekannt im Bereich Schulsozialarbeit
- ☐ ja, bekannt beim regionalen SD

18 Erhielt die Familie zum Zeitpunkt der vdH Hilfen zur Erziehung (§§ 27 ff. SGB VIII) für das Kind? *(Bitte Paragrafen eintragen)*

- ☐ ja, folgende: § ☐☐ SGB VIII
- ☐ nein

19a Wie wurde FIBS tätig, um Informationen einzuholen bzw. mit welchen Institutionen erfolgten Abstimmungsprozesse?

- ☐ keine weitere Informationseinholung/ Abstimmungsprozesse
- ☐ Informationseinholung/ Abstimmungsprozesse mit:
  - ☐ regionalem SD
  - ☐ Schule
  - ☐ Schulsozialarbeit
  - ☐ Kindertagesstätte/ Hort
  - ☐ Sonstige: ____________

19b Wie wurde FIBS darüber hinaus tätig?

- ☐ Anschreiben mit Terminvergabe		Anzahl: ☐
- ☐ Anschreiben ohne Terminvergabe (Formloses Beratungsangebot)
- ☐ kein formloses Beratungsangebot, da Hilfebedarf bereits abgedeckt

→ Sofern keine weiteren fachlichen Schritte erfolgten, endet die Beantwortung der Fragen an dieser Stelle!

20 Häufigkeit der Kontakte von FIBS mit Familie und/oder Kind

- ☐ 1-2 Beratungen
- ☐ 3 und mehr Beratungen
- ☐ keine

20a Form der Kontakte von FIBS mit Familie und /oder Kind

- ☐ Hausbesuche
- ☐ Gespräche im Amt
- ☐ Sonstige

4

21 Einschätzung zum Sachverhalt durch FiBS *(Mehrfachnennung möglich!)*

- ☐ Kind räumt eine delinquente Handlung ein
- ☐ Sachverhalt nicht geklärt
- ☐ Sachverhalt geklärt

22 Einschätzung des Entwicklungs- und Erziehungsbedarfs des Kindes und seiner Familie zum aktuellen Zeitpunkt: In welchen Bereichen sehen Sie Entwicklungsbedarf?

	ja	unklar	nein	k.A.
Altersgemäße Entwicklung des Kindes	○	○	○	○
Moralisches Bewusstsein des Kindes	○	○	○	○
Schulische Situation des Kindes	○	○	○	○
Freundschaften/ Freundeskreis des Kindes	○	○	○	○
Beziehung zu den Eltern	○	○	○	○
Erziehungsverhalten der Eltern	○	○	○	○
Soziale Netzwerke/ Ressourcen der Eltern	○	○	○	○

23 Bitte schätzen Sie den Erziehungsstil der Eltern ein:

- ☐ Autoritativ (klare Regeln, kindlicher Standpunkt wird aber geachtet)
- ☐ Permissiv (hohe Akzeptanz und Toleranz gegenüber dem Kind, selten Kontrolle oder Bestrafung)
- ☐ Vernachlässigend (Eltern zurückweisend und nicht kontrollierend, minimale Anstrengungen um das Kind)
- ☐ Autoritär (hohe Kontrolle und geringe Responsivität; Eltern gegenüber Kind stark kontrollierend und zurückweisend; strenge Regeln und Bestrafung)
- ☐ unklar – keine Einschätzung möglich

24 Welche weiteren Maßnahmen wurden durch FIBS selbst ergriffen? *(Mehrfachnennung möglich!)*

- ☐ Weitervermittlung an Erziehungsberatungsstellen
- ☐ Weitervermittlung an andere Dienste/Einrichtungen
- ☐ Gespräch mit der Schule
- ☐ Information an den regionalen SD
- ☐ Fallberatung ReFaKo
- ☐ Fallberatung FiBS
- ☐ Fallberatung Helferkonferenz
- ☐ Einschaltung Familiengericht
- ☐ Einleitung von Hilfen, ***nämlich:***
  - ☐ Soziale Konfliktschlichtung durch FIBS
  - ☐ Weitere Betreuungsangebote durch FIBS
  - ☐ Weitere Beratungsangebote durch FIBS
  - ☐ Sonstige Angebote von FIBS : ________________

25 Welche Reaktion zeigten die Eltern auf die vdH? *(Mehrfachnennung möglich!)*

- ☐ Eltern zeigten keine Reaktion
- ☐ Eltern sprachen Sanktionen aus (Hausarrest, etc.)
- ☐ Auf die vdH folgten Gespräche zwischen Eltern und Kind
- ☐ Eltern suchten aktiv Unterstützung
- ☐ Eltern reflektierten das eigene Erziehungsverhalten
- ☐ Sonstige Reaktionen

26 Welche Reaktionen zeigten die Eltern auf das Beratungsangebot durch FIBS? *(Mehrfachnennung möglich!)*

- ☐ Eltern zeigten keine Reaktion
- ☐ Eltern verhielten sich ablehnend gegenüber dem Angebot
- ☐ Eltern hatten Angst vor staatlicher Reaktion
- ☐ Eltern äußerten Ängste um das Kind
- ☐ Eltern waren beratungsoffen
- ☐ Eltern äußerten Hilfebedarf

27 Wie schätzen Sie die Mitwirkungsbereitschaft *des Kindes* ein?

○ Ablehnung ○ gering ○ mittel ○ hoch

28 Wie schätzen Sie die Mitwirkungsbereitschaft *der Eltern* ein?

○ Ablehnung ○ gering ○ mittel ○ hoch

29 Schätzen Sie bitte ein, wie sehr es gelungen ist, *das Kind* am Hilfeprozess/an der Beratung zu beteiligen?

○ Keine Beteiligung ○ gering ○ mittel ○ hoch

30 Schätzen Sie bitte ein, wie sehr es gelungen ist, *die Eltern* am Hilfeprozess/an der Beratung zu beteiligen?

○ Keine Beteiligung ○ gering ○ mittel ○ hoch

31 Für wie erfolgreich erachten Sie die Hilfe zum jetzigen Zeitpunkt?

○ Ziele wurden nicht erreicht ○ erste Schritte wurden erreicht ○ Ziele wurden überwiegend erreicht ○ Ziele vollständig erreicht

32 Mit welchen Partnern fand eine Kooperation statt und wie zufrieden waren sie damit? *(Mehrfachnennung möglich!)*

☐ Polizei (regelhaft/ Mitteilung)	--	-	+	++
☐ Polizei (darüber hinausgehend)	--	-	+	++
☐ SD/Schulsozialarbeit	--	-	+	++
☐ Schule	--	-	+	++
☐ Freier Träger der Jugendhilfe	--	-	+	++
☐ EB/Jugendförderung/Kita	--	-	+	++
☐ Familiengericht	--	-	+	++
☐ Keine Angabe	--	-	+	++

33 Wie schätzen Sie zum aktuellen Zeitpunkt die weitere biographische Entwicklung des Kindes ein?

- ☐ Keine weitere Gefährdung
- ☐ geringes Gefährdungspotenzial für weiteres delinquentes Verhalten vorhanden, Delinquenzverhalten ist entwicklungsbedingt episodenhaft
- ☐ Starke Gefährdung einer Verfestigung des delinquenten Verhaltens
- ☐ Keine Einschätzung möglich

34 Datum der Beendigung der Intervention durch FiBS

☐☐ ☐☐ ☐☐☐☐
tt mm jjjj

Erhebungsbogen Frühe Intervention und Beratung Strafunmündiger – Kinderfragebogen Stand: 18. Februar 2011

Fragebogen an die Kinder

Hallo ,
mit diesem Fragebogen möchten wir Dir die Gelegenheit geben, Deine Einschätzung der Arbeit vom Jugendamt (JA) zum Ausdruck zu bringen. Dabei ist es uns gleichermaßen wichtig zu erfahren, was Dir gefällt und was Dir nicht gefällt. So können auch wir in unserer Arbeit dazu lernen.

Der Fragebogen enthält insgesamt 12 Fragen. Bei allen Fragen kannst du ein Kreuz setzen und du kannst auch eigene Anmerkungen machen. Der Bogen wird vollkommen anonym ausgewertet. Es kann also nicht mehr festgestellt werden, wer welche Antwort gegeben hat.

Vielen Dank für Deine Mitarbeit!

1. Wie alt bist Du? ______________ Jahre

2. Bist Du ein ○ Junge ○ Mädchen

3. Auf welche Schule gehst Du? *(Nenne bitte den Namen der Schule)*

____

4. Ist dir klar, warum Du zum Gespräch eingeladen wurdest?

○ Ja
○ Nein

5. Ist der Vorwurf richtig?

○ Ja
○ Nein

5. Hast du alles verstanden, was mit dir besprochen wurde? *(In Schulnoten, 1 = ja, alles bis 6 =nein, gar nichts)*

ja, alles ○ ○ ○ ○ ○ ○ nein, gar nichts
1 2 3 4 5 6

6. Wie fandest du das Gespräch hier? *(In Schulnoten, 1 = sehr gut bis 6 = sehr schlecht)*

sehr gut ○ ○ ○ ○ ○ ○ sehr schlecht
1 2 3 4 5 6

7. Was fandest du im Gespräch mit dem Jugendamt gut? (Hier kannst du mehrere Kreuze machen)

○ Gar nix
- - - - - - - - - - - - - - - - - - - -
○ Es hat mir jemand zugehört
○ Ich konnte erklären, was passiert ist
○ Ich weiß jetzt, was ich anders machen kann
○ dass meine Eltern dabei waren
○ Was anderes: (bitte nennen)

____

8. Was fandest du nicht gut? (Hier kannst du mehrere Kreuze machen)

- ○ Gar nix - alles war gut.

- ○ Ich habe mich geschämt
- ○ Ich hatte Angst
- ○ Ich konnte nicht erklären, was passiert ist
- ○ Dass meine Eltern dabei waren
- ○ Was anderes (bitte nennen): ______

9. Wurdest du ernst genommen? (Bitte mache je ein Kreuz für Eltern, Polizei und Jugendamt)

	Ja, total	eher ja	eher nein	nein, gar nicht
Von den Eltern	○	○	○	○
Von der Polizei	○	○	○	○
Vom Jugendamt	○	○	○	○

10. Wie haben sich die einzelnen Beteiligten dir gegenüber verhalten? (Bitte mache je ein Kreuz für Eltern, Polizei und Jugendamt)

	Sehr fair	fair	ziemlich unfair	total unfair
Eltern	○	○	○	○
Polizei	○	○	○	○
Jugendamt	○	○	○	○

11. Was haben deine Eltern wegen dieser Sache gemacht? (Hier kannst du mehrere Kreuze machen)

- ○ Gar nix

- ○ Verbote (Hausarrest, TV, Handy, etc.)
- ○ Geschimpft
- ○ Haben ein Gespräch mit mir geführt
- ○ was anderes (bitte nennen): ______

12. Wenn Du noch etwas loswerden willst, kannst Du es hier hinschreiben:

______

______

______

______

______

Vielen Dank für Deine Mitarbeit!

Fragebogen an die Eltern

Liebe Eltern,
mit diesem Fragebogen möchten wir Ihnen Gelegenheit geben, Ihre Einschätzung der Arbeit des Jugendamtes zum Ausdruck zu bringen. Dabei ist es uns wichtig zu erfahren, was Ihnen gefällt, aber auch was Ihnen nicht gefällt. So können auch wir in unserer Arbeit dazu lernen.
Der Fragebogen enthält insgesamt 15 Fragen. Bei fast allen Fragen können Sie Noten wie in der Schule vergeben. Also „sehr gut“ ist eine 1 und „sehr schlecht“ ist eine 6. Außerdem gibt es einige Fragen, die Sie mit Ihren eigenen Worten beantworten können. Der Bogen wird vollkommen anonym ausgewertet. Es kann also nicht mehr festgestellt werden, wer welche Antwort gegeben hat.

Vielen Dank für Ihre Mitarbeit!

1. War das Gespräch im Jugendamt für Sie hilfreich? *(Bitte kreuzen Sie auf der Skala eine Note zwischen 1 und 6 an.)*

	1	2	3	4	5	6	
ja, sehr	◯	◯	◯	◯	◯	◯	nein, gar nicht

2. Fühlten Sie sich im Gespräch ernst genommen?

	1	2	3	4	5	6	
ja, sehr	◯	◯	◯	◯	◯	◯	nein, gar nicht

3. Haben Sie genügend über mögliche Hilfen erfahren?

	1	2	3	4	5	6	
ja, genug	◯	◯	◯	◯	◯	◯	nein, gar nichts

4. Wurden Ihre Wünsche und Anliegen aufgegriffen und berücksichtigt?

	1	2	3	4	5	6	
ja, sehr	◯	◯	◯	◯	◯	◯	nein, gar nicht

5. Sind für Sie die Aufgaben der Mitarbeiter vom Jugendamt klar?

	1	2	3	4	5	6	
ja	◯	◯	◯	◯	◯	◯	nein, gar nicht

Anmerkungen:

____

____

6. Finden Sie es richtig, dass das Jugendamt Sie zu diesem Gespräch eingeladen hat?

◯ Ja, voll und ganz
◯ Teilweise
◯ Gar nicht

Anmerkungen:

____

____

7. Denken Sie, dass die Unterstützung durch das Jugendamt Ihrem Kind etwas bringt?

	1	2	3	4	5	6	
ja, sehr	○	○	○	○	○	○	nein, gar nicht

8. Denken Sie, dass Ihnen die Unterstützung durch das Jugendamt etwas bringt?

	1	2	3	4	5	6	
ja, sehr	○	○	○	○	○	○	nein, gar nicht

9. Was war für Sie am hilfreichsten? *(Mehrfachantwort möglich)*

- ○ nichts

- ○ Endlich hat mal jemand zugehört
- ○ Die Vermittlung von bzw. die Information über weitere Unterstützungsangebote
- ○ Zu wissen, an wen man sich wenden kann, wenn man Unterstützung bei der Erziehung der Kinder braucht
- ○ Zu verstehen, warum mein/ unser Kind das gemacht hat
- ○ Ich habe einige konkrete Tipps/ Hilfestellungen erhalten
- ○ Ich wurde als Mutter/Vater verstanden
- ○ Sonstiges: ____________________

10. Was war für Sie am schwierigsten? *(Mehrfachantwort möglich)*

- ○ nichts

- ○ Kontakt mit dem Jugendamt zu haben
- ○ Ich konnte nicht begreifen, dass mein Kind so etwas macht
- ○ Die Sorge, dass mein Kind noch häufiger so etwas macht
- ○ Ich weiß/ wir wissen manchmal nicht mehr weiter im Umgang mit meinem/ unserem Kind
- ○ Ich schäme mich/ wir schämen uns für das Verhalten meines/ unseres Kindes
- ○ Sonstiges: ____________________

11. Fänden Sie weitere Angebote (Gespräche, Kurse, Informationen) gut?

- ○ Ja
- ○ Nein, weil: ____________________

12. Hatten Sie Kontakt zur Polizei?

- ○ Ja → weiter mit Frage 14
- ○ Nein → weiter mit Frage 15

13. Wie zufrieden waren Sie mit der Arbeit der Polizei?

	1	2	3	4	5	6	
ja, sehr zufrieden	○	○	○	○	○	○	gar nicht zufrieden

Anmerkungen:

____

____

14. Hier haben Sie nun die Möglichkeit, Erläuterungen oder weitere Anmerkungen aufzuschreiben:

____

____

____

____

Bitte geben Sie noch an, wer diesen Bogen ausgefüllt hat:

- ○ Mutter
- ○ Vater
- ○ Beide Elternteile gemeinsam
- ○ Sonstige Personen, die mit der Erziehung der Kinder/Jugendlichen betraut sind. Wer genau ist das?

____

Ich habe/ wir haben den Bogen...

- ○ **...** alleine ausgefüllt.
- ○ ... mit Hilfe des Mitarbeiters vom Jugendamt ausgefüllt.
- ○ ... mit Hilfe meines/unseres Kindes ausgefüllt.

Vielen Dank für Ihre Mitarbeit!